修行就是休閒

禪和尚 本性 著

【目錄】

半座人生（代序）

禪和尚 本性

有一次，佛陀在說法。演說中，他見大弟子迦葉於人群中聽講，便停了下來，與迦葉打招呼，叫迦葉到他身邊，他還挪了座凳之一半請迦葉上座。迦葉堅辭，但佛陀還是請他坐，並請之為眾說法，此即佛陀分座迦葉的故事。分座也叫半座，比喻前輩請晚輩弘法，也比喻恭請者禮賢下士，予受請者與自己同等的地位，該公案載在《雜阿含經》中。在《法華經》中，也有類似公案，講的是多寶如來分半座予釋迦佛的事。佛陀曾經受前賢半座，自己又分半座後輩，說明了佛陀重視弘法，希望重視弘法的傳統代代相傳。

佛陀教化的一生就是弘法的一生，從初轉法輪到囑咐遺教，浩如煙海的三藏十二部經典[1]，由此而出。可以說，佛教有今天，除了修證的功德之外，重要的是千百年來，有歷代高僧大德踏著佛陀的神聖足跡，不斷弘法。

弘法的意義，在於使佛法之脈綿延不絕，在於使眾生的慧命不斷得到解救。法脈不絕，便是正法久住。救人一命勝造七級浮屠，何況救人慧命。

「眾生慧命，繫汝一人。汝若不為，罪在汝身。」

衲本性，作為僧團之一員，承前賢加被，有幸常得半座，很是感恩，當不會忘記自己的身份及義務與責任。但祈因緣常俱足，成就畢生弘法願。期望與四眾同仁共同精進，眾志成城。

在中國，關於弘法，有許多有趣的傳說，如：生公說法，頑石點頭；神光說法，天花亂墜。而佛教，更有許多有趣的經典故事，內容包括：人生非人生的、生老病死的、愛情婚姻家庭的、學業事業的、為人處世的、倫理道德的、文學藝術的、哲學宗教的……種類之齊全、內容之豐富，有如一部百科全書，有興趣的話，在聽我說的閱我寫的之外，大家還可以去查找看看，美妙著呢。

---

❶三藏：經藏（佛一生所說的法）、律藏（佛所規定的戒律）、論藏（佛弟子讀經研律的心得）。十二部（經典的體裁）：長行、重頌、授記、孤起、自說、因緣、譬喻、本事、本生、方廣、未曾有、論議。

【珍惜生命中的貴人】

眾緣和合，廣結善緣。佛法，如是說。

確實，人生、社會、世界，成、住、壞、空，成於緣，空於緣，緣來緣去。

為此，就有了佛緣、法緣、僧緣、人緣、善緣之說。

我們常說，得貴人相助，這貴人是誰?就是以上所列的這些增上緣!

既是緣，就不可能是獨立存在的，他是從點到線，從線到面，從面到立體，從立體到圓融的華藏世界或者說華嚴世界之網。

這告訴我們：

現實中，如果我們要獲得相對的成功、快樂、幸福，就要創造好緣、結合好緣、守護好緣。

緣，在現實中，也是一種團隊與合作精神。

俗話說：一個籬笆三個樁，一個好漢三個幫!這個「幫」字就是緣的關鍵字。

我們無法獨立存在於這個世界。衣、食、住、行每一樣，我們都需要別人協助。

傾向於互助式的群體生活，是人類的自然天性，也是安全感所需，亦是生存延續的基礎，更是傳承發展的保障。

中國古代，有許多恢宏悲壯激昂的英雄故事，他們單槍匹馬，他們單刀赴會，他們儼然是英雄。但這單槍單刀的背後，有多少看不見的因緣在牽扯著啊！

三國時，劉關張桃園三結義，其典其故，為何那麼有感人心，除了他們的義氣之外，就是有感於他們是惜緣的鐵三角團隊啊！

中國古代哲學崇尚天人合一！這合一，除了融合之外，不就是合作精神嗎？

為此，我們要珍惜我們生命中的貴緣，也就是我們生命中的貴人。他是那個鼓勵過我們的人，他是那個指導過我們的人，他是那個還在愛護我們的人，他是那個還在幫助我們的人。甚至，他是那個詛咒過我們的人，他是那個欺騙過我們的人，他是那個打擊過我們的人，他是那個傷害過我們的人，他是那個仇恨過我們的人，他是那個還在把我們當作敵手的人。給你幫助的，給你順緣；與你為敵的，給你逆緣。順，是玫瑰的花；逆，是玫瑰的刺；我們不能要了玫瑰，只取花而不要刺。煩惱即菩提，危機即轉機。逆緣，同樣會是我們的順緣，因為，它也是一種特殊的增上緣。

因此，生命中，每一個與我們有交叉的人，有牽扯的人，有糾纏的人，都是我們生命中的貴人，我們都要珍惜，都要善待。我們都要感恩、包容、分享、結緣。

有故事說：朱元璋微服出訪，路上遇見一個一字不識的農夫，農夫見他熱天趕路，汗流浹背，便以一杯清茶相贈。朱元璋很高興，便封他為縣令。有個書生對此憤而不平，於是在路邊的牆上刻曰：「十年寒窗苦，不如一杯茶」。朱元璋回過此地，見此刻字，也加刻一行「他才不如你，你命不如他」。這裡所指的「命」，就是緣啊，誰叫書生沒有結到那樣殊勝的緣呢！沒結那樣的緣，哪能遇上那樣的人？

眾緣和合，廣結善緣。讓我們接納別人，寬恕他人，慈悲別人，讚美他人，珍視我們生命中的每一段緣份，珍惜我們生命中的每一個貴人。

◀明太祖朱元璋

【生生死死為哪般】

有人幽了保全人員一默，說他是世界上最認真、最勤奮的哲學家。因為每天，時時刻刻圍繞著他的問題就是：哪來？去哪？是誰？找誰？幹嘛？為啥？

這些問題，對保全人員而言，看似幽默，實則不然。即使是對保全人員之外的所有人而言，也都是個嚴肅的話題。

大家知道，人的一期生命是很短暫的。在古代，七十古來稀。即便今天，相對而言，也延不了多長的壽。因為，生老病死的本質已決定了這點。為此，佛陀說，生死之長，只在呼吸之瞬。

人生是個舞臺，人生是場夢，聖者與凡夫多這麼說。短暫的生命在這舞臺與夢中，無論表演得多麼精彩，無論夢得多麼繽紛，那也都只是電光螢火，一閃即過，水月鏡花，不可捉摸。

有時，夜深人靜，一襲長衫，一蒲團，一本《壇經》，一炷香。我想，生死之長都只是

呼吸之瞬，那麼，愛恨之長，豈不只是日夜之瞬；權謀之長，豈不只是哭笑之瞬；古今之長，豈不只是一夢之瞬。儘管，榮枯還有一季之長；歷史與現實還有一書之厚。

既然，生命，是一瞬的生命，人生，是一瞬的人生。那麼，我們確實理應想想，問問：我是誰？誰是我？從哪來？到哪去？生死為哪般？否則，一瞬之過，便錯失了天機，可能就是一生，甚至多生，乃至多少劫的悔恨。

《壇經》告訴我們，迷悟只在一念之間。也就是說，凡聖之長只在一念之瞬。我們生生死死為哪般？為什麼活？為什麼死？生之目的是什麼？死之目的是什麼？

我堅信，性善論與佛性本具論是符合人的實際的。基於此，人的生死目的就是為了趨於至善。為何活？為何死？眼耳鼻舌身意應為何而活動？答案是——為了趨於至善。至善不

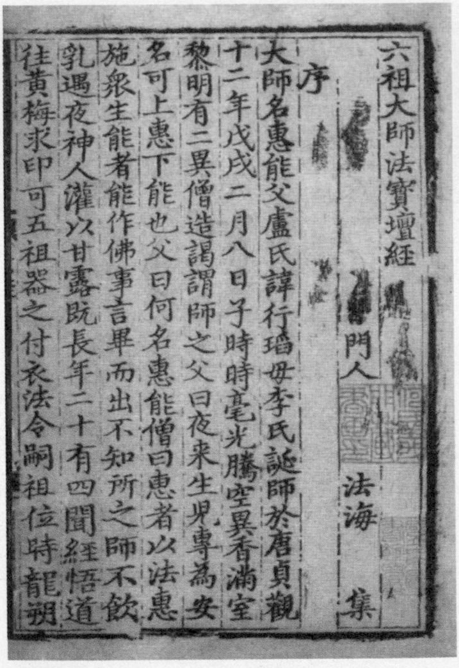
六祖大師法寶壇經
序　門人　法海　集
大師名惠能父盧氏諱行瑫母李氏誕師於唐貞觀
十二年戊戌二月八日子時時毫光騰空異香滿室
黎明有二異僧造謁謂師之父曰夜來生兒專為安
名可上惠下能也父曰何名惠能僧曰惠者以法惠
施衆生能者能作佛事言畢而出不知所之師不飲
乳遇夜神人灌以甘露既長年二十有四聞經悟道
往黄梅求印可五祖器之付衣法令嗣祖位時龍朔

▲明永樂間刊本《六組壇經》

是過程，不是方便，就是目的，就是本身。

佛教講因果報應。我常想，什麼是最好的因果報應，那就是成了個善人，做著善事，有著善念。都已有著善念做著善事成了善人，那麼，我們還有什麼其他可求的？

中國古人早就強調：止於至善。這是很有見地的。止於至善，那麼，世界的本源便會得到彰顯，真的純的美的便會得到展現。因為，它們之間是日與光、水與波的關係。因為止於至善，假的染的醜的便無處可遁，從而遁於無形。

我總認為，至善是一種天然的生命力，是一種天然的意志力，是一種天然的向心力、凝聚力、向上力，是一種無處不在無時不有的強大力量，是世界的本源及真理自身。這至善是世俗倫理與道德向上抵近的方向，因之，世俗的真純美也有了判斷的基本標準。

人類畢竟是世俗的。趨向善，抵近善，需要過程、形式與方法。佛家給我們的路很多，但不外乎：諸惡莫作，眾善奉行，自淨其意；聞思修，戒定慧；自利利他，自覺覺他，覺行圓滿。此中，慈悲為先。而儒家給出的道，則是——己所不欲，勿施於人；進而——己欲立而立人，己欲達而達人。此間，以仁孝為先。而基督教給的徑，則為——無論何事，你們願意人怎麼待你，你們也要怎麼待人。此際，以博愛為先。

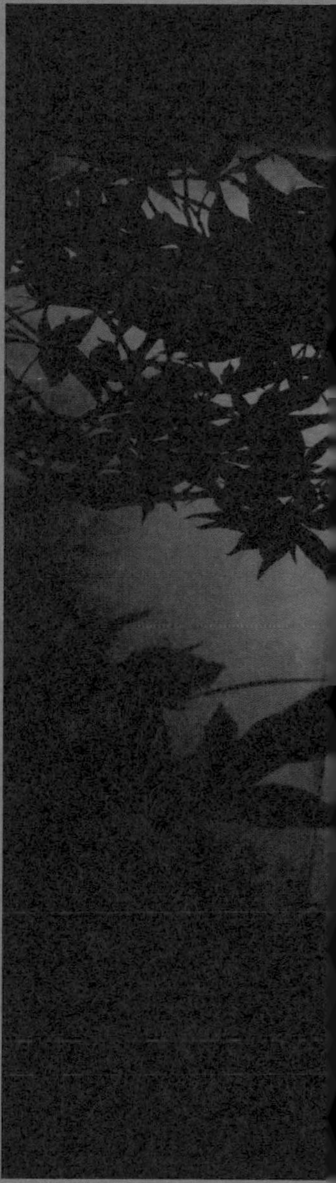

佛教認為，心為工畫師，心為主使。而心由性生，性為本源，此性即善，那麼，心就具有善性，無論由何因緣而生。為此，我們啟發善念，踐行善法，就是修煉潔淨此心的過程。這心，無始以來，染汙了太多的貪嗔癡慢疑等無明煩惱，就如明鏡蒙塵了。由此，亦可知，善本無所修，善因本具，修的是心，如逐光至日，息波現水。

有人說，人生的目的是為了快樂、幸福，這一點都沒錯。因為，快樂、幸福源自修心的過程，是修心的一種禪悅產生，是趨向至善的一種自然散發力：亦可謂之正能量。心趣醜惡，至善隱沒，快樂與幸福便無法孕成。

宗教人士多關注且追求一種境界：圓滿。什麼是圓滿？就是修心達於至善，見性回歸至善。居於至善，便是至聖。至善之鏡，回歸光明，便是成佛作祖。修學佛法除了為了至善的目的之外，我不知道還有什麼其他的！

【工廠是道場 工作是修行】

上文中，我闡述了生，為了什麼生？死，為什麼死？結論則是：人的求生或求死，生或死，都是為了趨於至善，回歸至善，這是人生的最高境界，生命的最大目的。

基於此，我們就理順與解決了一個問題：為什麼工作？為什麼學習？為什麼生活？為什麼修行？乃至，為什麼當官？為什麼經商？答案是，做這些，都是為了趨於至善，回歸至善！如果，誰的生與死或求生與求死，其結論與此不同，那麼，便是有違聖教，有違聖道。

如果，我們的一切努力都是為了趨於至善，回歸至善，那麼，我們的一切努力便應具有善念，應為善行。在此之中，一念善，則聖，一念惡，則魔，一念正，則修行人，一念邪，則損道人。一念善正，則小我轉大我，人間亦淨土，一念惡邪，則大我變小我，人間成地獄。

佛法在世間，不離世間覺，離世覓菩提，恰如求兔角；仰止惟佛陀，完成在人格，人成

即佛成，是名真現實。禪的最高境界是：從無到有，再從有到無。或者說，是從真空到妙有，再從妙有到真空。反之，亦如，即從有到無，再從無到有，或者說，從妙有到真空，再從真空到妙有。就如：從無青青翠竹，到有青青翠竹，再到無青青翠竹。亦如：從有鬱鬱黃花，到無鬱鬱黃花，再到有鬱鬱黃花。在這無——有——無，有——無——有之間，層次與境界已經上了一大層，獲得了昇華，產生了超越。

同樣地，我們的生活、工作、學習、事業，甚至愛戀與婚姻也一樣。我們在這些過程的經歷與體驗中，要在境界上做好文章，也要有超越與昇華。本著趨於至善、回歸至善的總原則、總目標，我們的工作、生活、學習、事業，乃至愛戀、婚姻，只要心存善念，身為善行，那麼，我們時刻做的便是善舉，便是功德。為此，工廠便是道場，工作便是修行。為此，商場亦是道場，而不是所謂的戰場。戰場與道場只是一念之差啊，謬之毫釐，誤之千里啊。大家為什麼當官，服務眾生，為眾生作牛馬啊？為什麼掙錢，為眾生創財富，福利眾生啊？因此，對當官的而言，權拿來幹什麼？就是要使出來啊，為百姓造福，就是要實現公平正義。對經商的而言，錢拿來幹什麼？就是要花出去啊，作有益眾生的投資，作幫助弱勢眾生的佈施，扶持代表人類良知良心的宗教，用於提升自己的修養等等。

佛家講佛性本善，儒家講人性本善。為了趨於本善，回歸本善。在儒家就強調了：忠孝、禮義、仁慈、誠信、智勇、廉恥等。是啊，夫妻不禮行嗎？朋友不義行嗎？臣君不忠行嗎？子父不孝行嗎？做同事不誠不信行嗎？上不慈下不仁行嗎？做善事，不智不勇行嗎？做壞事，不廉不恥行嗎？都不行啊！

有人要問：既然，宗教界人士修行是修行，官場商場人士工作經商也是修行，這之間便無差異，那麼，何必還要宗教界人士？宗教界人士何不與大家一樣也過過世俗的生活？這

是好問題，有好問題，必有好答案。大家都在說一個詞：術業有專攻。宗教人士全身心投入宗教，就是為了做到：專業、榜樣。專業意謂著直接。非宗教人士就難以做到專業，難於直接深入宗教精神，因為精力有限，因緣影響，他的專業與直接要放在另外的時空中。無法專業與直接，便只是業餘與間接，便難以成為深具信服力與攝受力的榜樣。而每個行業都是需要專業人士與榜樣人士的。佛教界要僧人做人天導師、模範人天，就是這個道理。

人生短暫，誰都有百年之後。有人說：有人生死輕如鴻毛，有人生死重如泰山。為何輕？因為不向善、不向上；為何重？因為向善、向上。我堅信，至善是世界的本源，是推動因緣創生世界的第一念原動力。趨向至善，回歸至善，是宇宙的最高真理，是世界的本質，是人類生存的最大價值，是人類生活的最大意義。

至善被隱沒的人間，
是黑暗的世界。
光明的世界，
就是至善在人間得到彰顯。

【欣賞殘缺之美】

這世界是個令人遺憾的世界。

因為總有缺陷，難有完美。

大山很威雄，卻少了小丘的精緻。大河很壯麗，但少了小溪的柔美。

我愛線裝的經書，喜見版刻印出的方塊字。這書斯字，盈溢馨香，透著典雅與品味，幽閒時，悠然一卷，陶醉其中——那，就是我的整個世界。

而當我要查點資料時，卻一向只求於互聯網。電腦螢幕冷冰冰，刺著眼睛，其中文字乾巴巴，即便嚼之，也是索然無味。但搜索起資料，卻是那麼的好用，快速、豐富。

也曾去過一些國家，黑人那麼黑，而白人那麼白，就如黑夜那麼暗，白天那麼明。

於是，有人悲觀，有人抱怨，有人絕望。

但是，我要與你分享禪者的智慧——欣賞殘缺之美。

曾經有位學僧，因為老師在言行上有些缺陷，就抗拒老師的教誨。

星雲大師知道後，就親自找到他，開導他說：

「你知道嗎？這世界，是一半一半的世界，天一半，地一半，男一半，女一半，善一半，惡一半，清淨一半，濁穢一半。很可惜啊，你擁有的只是一半的世界，而不是全的世界。」

學僧愣住了！

星雲大師接著開導他說：

「你只求完美，只能接受完美的一半，而不能接受殘缺的一半，擁有的是個不全的世界，毫無圓滿可言。」

學僧哭了，頂禮下去。

星雲大師繼續開導他說：

「學習包容不完美的世界，你就會擁有一個完整的世界了。」

這讓我想起三國時的禰衡，卿本才子，就因不包容殘缺，終於丟了卿卿性命。

這禰衡在曹操面前，不包容曹操愛將的缺點，他說：「張遼可以派去擊鼓鳴金，許褚可以派去牧牛放馬，徐晃可以派去屠豬殺狗……其餘人都是衣架、飯囊、酒桶、肉袋罷了。」

曹操見他如此不寬容，本想殺之，但一想，殺名士，名聲不好，便將之送到劉表處。

在劉表面前，禰衡把劉表歌功頌德了一番，但這是表面上的，實際上，是暗裡譏諷，劉表也聽出來了，見他如此刻薄，又將之送到黃祖處。

這黃祖是個粗人。那禰衡一見黃祖，沒頭沒腦地劈頭就是一句：「你好像是廟裡的神，接受了祭拜，卻一點也不靈驗。」黃祖一聽，暴怒，一聲喝令，刀斧手就把禰衡的腦袋從脖子處砍下了。

千年以來，人們都為禰衡感到悲哀與歎息啊。

月圓圓美，月缺缺美。容忍了缺陷，擁有了缺陷，才算擁有了完整。

由此，我們也應參得禪者的智慧——欣賞殘缺之美。

▶《三國演義》繡像－禰衡擊鼓罵曹

【悟了自度】

夜半，閱《六祖壇經》。

慧能夜半得法弘忍，五祖要六祖連夜離開南華寺南下。師徒渡口相送，有一段對話：

五祖弘忍：你須速去！

六祖慧能：向什麼地方去？

五祖：逢懷則止，遇會則藏！

六祖：素來不知這山路，如何走得到江口？

五祖：我自會送你。

到了九江驛的時候，改坐船。五祖要搖船櫓，六祖不肯。

六祖：請師父坐，該弟子搖櫓了！

五祖：應是我渡你啊。

六祖：迷時師度，悟了自度，度名雖一，用處不同。

五祖：是這樣，以後佛法，由你大行，你今好去，努力向南，不宜馬上就弘法。

從弘忍與慧能師徒此公案，我想到佛陀與我自己。

我生長在窮鄉僻壤的地方——霞浦縣。那時，去一趟福州，記得坐客車要七八個小時。一旦路上稍有狀況，便是十個小時以上。一邊是山的阻，另一邊是海的隔。為獲得外界的資訊，我時常跑到縣圖書館看報紙，作摘錄。書讀高中，然後教書。也許心有所求、心無所寄吧，對前路問題，惘然無措。當時，沒有良好的思想教育，沒有強大的精神支撐。家長文化水準不高，不會給我什麼經典良言，只會默默的疼愛。老師教的多是書本課文，專為考試，講人生觀的也不多。估計，就算講多，我也聽不進去，因為我的智慧是那麼的淺薄啊。因此，當時的我多麼弱小，像一隻小青蛇，沒有腳，挪動著爬行，惘然著向前，不知哪是徑，哪是橋。為此，拼著買書、讀書、寫作，或小散文，或小詩歌，抒寫心中彷徨嚮往。其實，詩文是解決不了人的鬱悶、前路的。故而，轉向宗教求取。一些因緣，瞭解到霞浦還有靈佑大師，以及曾登陸霞浦的空海大師這樣的先聖先賢，終於看到未來的光亮，便踏著他們的腳步，一路走來……

佛陀的出現，使我壯大，我找到了路，雖然艱辛、曲折、遙遠，但寬大、光明。在這條道路的行進中，有時，我也感到有障礙，吃力，甚至力不從心，但總是那麼充滿韌性、自信、堅忍與倔強。甚至，我都覺得，佛陀似乎讓我終於變成了巨人：強大，不可阻擋；神聖，不可侵犯。

我感恩佛陀度我，慶幸與欣慰自己的被度。

現在，讓我回到六祖的話題上。六祖的迷時師度、悟了自度的智言慧語，對我們來說，確是啟迪無限、受用無窮。

是啊，無力時佛度，有力時還拖著佛腳，佛陀怎麼辦？佛陀的目的是要度脫我們，不是希冀我們永遠在被度之中。我們睡著了，要人叫醒。醒了之後，還要佛陀叫，怎麼可以呢？

為此，當佛陀已給了我們力量，激發了我們真正的力量，我們就要竭盡己力去自度，在佛陀的永續加持下，大膽不怯，去跑，去跳，去躍，甚至，去飛奔。哪怕受傷了，也應去爬……

那麼，就讓我們，迷時師度、悟了自度吧。

唐土五祖弘忍大師

▲ 明代戴進《禪宗六代祖師像卷》中的弘忍與慧能

【人生四季怎麼過】

佛法說，世界有生住異滅，人生有生老病死。

我們自然界也有春夏秋冬。

生老病死，我想，應是人生的四季。一青春，二燦爛，三枯萎，四凋零。

自然有自然的法則。

人生也應有人生的法則。

古今仁人智者都在探尋，在此法則下，人生於不同階段應如何生長、生存、生活、生滅才更合規律。

在古印度，有一抹東方的曙光，它為人生照出一條這樣的路。這種文明認為，人生應分為四期，每個階段著力點各有側重：第一期，少年，應著力於學習、求知，練就技能；第二期，青年，應著力於愛情、婚姻，培養下一代；第三期，中年，應著力於工作、事業，為社會作貢獻；第四期，老年，應著力於修身、養性，歸隱宗教修持實踐，為自己謀後路，

為世人留榜樣。

我等本是人間一俗子，雖也談超越，但豈敢自詡已經超越。既為凡夫，除了特定的對象，我想，古印度的這抹曙光，是會為人們照出一條比較光亮的路。

因此，我想懇切地建議我們的同輩或前輩們——

人生難得，人生苦短啊，在我們勞累半生、忙碌半生之後，今天，我們也應靜下心來，放下心來，安下心來，認認真真考慮一下我們的後半生，需要什麼？缺少什麼？什麼最急迫？危機在哪裡？我們做了些什麼？在做些什麼？我們是不是要慎慎重重想一想：生死是怎麼回事？過去未來是怎麼回事？我們是誰？誰是我們？我們從哪裡來？要回到哪裡去？百年前的我們是什麼？百年後又是什麼？我們是自我拯救？還是由誰來拯救？最終，我們是希望者，還是絕望者？是勝利者，還是失敗者？

思想決定行為，觀念決定行動，不解決認識問題，我們就無異於無頭的蒼蠅，亂飛；無異於盲目的蜻蜓，亂舞。我們的人生，在我們的亂飛、亂舞中，多數人已暈頭轉向了，既沒有了方向，也沒有了前程。因為，老死就是方向，老死就是前程啊！

也因此，在我們人生還有一半的時候，是不是該好好想一想，想一想，想一想下一半的甚至下一世的人生要怎麼過……

【詩人永不死】

詩人，是人類靈魂的化身，或者就是天使。初、高中以來，我就夢想著當個詩人，讓詩魂匯入血脈流動，以使自己變成詩。也許，我不是靈魂的化身，更不是天使，所以，我最終沒有成為詩人，卻成了詩人的奴僕。

這次到聖彼德堡，我的目標之一，就是要參觀普希金的故居，禮敬他的聖像。就像我到薩爾茨堡時，一定要參禮莫札特的故居一樣。

在莫依卡河（Moyka River）濱河路上，有一座不算大的宅院，這就是普希金生死之交時居住的家，而今成了普希金故居博物館。在這裡，他度過了人生中最痛苦、最悲壯也是最解脫的最後時光。為了保有自己的尊嚴，保護嬌妻的名譽，為了自己摯愛的一代美人，他與欲染指其妻的一位男性對手進行了決鬥。受重傷的一代詩人被抬回這裡，終不治身亡，年僅三十七歲。俄羅斯詩歌的太陽帶著血色隕落了，其時，其妻娜塔利婭（Natalia）才二十四歲。莫依卡河的水，幾百年來，不停地流，流的也許還有恥辱與悲慟。但無論怎樣，

◀《普希金》吉普連斯基繪

就如故居牆上掛著的鐘，指針永遠停留在二點四十五分，人們記住了一八三七年一月二十九日的這個時刻。尤其是記住了他的許多膾炙人口的天地精靈——美妙的詩。例如：《自由頌》、《致大海》、《假如，生活欺騙了你》等。

在他的故居，在吉普連斯基（Orest Kiprensky）創作的普希金畫像前，凝視他略帶憂鬱、卻對未來充盈愛與希望的眼神，我彷彿覺得他正在與我對話，他想告訴我——他在下定決心準備決鬥的當下、在決鬥的那一刻，以及因為決鬥導致他不得不離開這片土地重回他的天使角色的時刻，他在想些什麼。

令人覺得詭異的是，當普希金與娜塔利婭於莫斯科教堂舉行婚禮儀式時，竟然出現十字架倒下致使《聖經》落地、蠟燭熄滅的意外，這也被普希金認為是不祥之兆。幾天後，他給妹妹去信時寫道：「我預感，我與娜塔利婭的結合，未必會善始善終。」不料，一語成讖啊！

儘管，「為俄羅斯而寫俄羅斯」的普希金離去很久了，但很久以後，遠在中國的一個僧人，卻還為之來。

【起點與終點】

杏花春雨的江南，孕育著多少年輕人的青春夢想，我也不例外。學佛三十載，為僧二十六年，專注於一件事——深耕佛學。這既是年輕時的夢想，亦是進入中年後金色不褪的誓言。

人生是需要夢想的，儘管人生有不同，或灰暗，或燦爛。學佛，我很喜歡四弘誓願偈：眾生無邊誓願度，煩惱無盡誓願斷，法門無量誓願學，佛道無上誓願成。這就是夢想，其氣象萬千，可謂令人高山仰止。

夢想的設定，我想，起始點一定要腳踏實地，終止點一定要高遠。不踏實地，無以發力；不高遠，無以成大器。在始點與終點之間的直線，便是我們人生要走的路，有了這條直線，我們的人生方向便不會出現偏離，就如火車，有了那軌道，才會安然行駛一般。

終點夢想，有人設為物欲，有人設為情感，有人設為權力，有人設為地位，有人設為名譽，有人設為金錢，有人設為道德，有人設為信仰……我想，非道德非信仰，無以高遠。因

此，哪怕設為權、位、名、錢，也要將之標準自我設定到道德與信仰的相應高度。

夢想是一種強大的力量，其足以聚起推動人生不斷向前的動力。

追逐夢想，是個痛苦又快樂的過程，無論這夢想人生如何，或左牽右絆，或磕磕碰碰，哪怕沉沉浮浮，甚至磨難與犧牲，但夢想者都會無怨無悔，飛蛾撲火就是一個例子吧。

現在，不少人，尤其青年，缺少夢想，或把夢想與安心自在放下解脫的生活對立起來，這是不夠境界的，因為事實正相反。

而且，如果我們沒有夢想，就永遠停在了十字路口，就永遠死在了胡同，就永遠地呆在了起點，或虛幻地已經到了終點。

行文至此，就以塔克辛先生的故事作結尾吧：

泰國華裔總理塔克辛先生，作學生時有次見到一位佛教僧侶，僧侶問他以後志向做什麼，他說：當總理。也是在讀書時，他向人探聽有無培訓如何當總理的學校，人們為此感到很驚異。不料，數十年後，他的青春夢想成真了。

▶ 泰國總理塔克辛–photo by Helene C. Stikkel

【平淡與平凡】

小時候，電閃雷鳴或颱風暴雨，似乎沒有近年這麼多，這也許是氣候變化的原因所致吧。這兩天，因為颱風影響，時而風，時而雨，無法戶外做事，便於室中看些古籍，尤其歷代高僧的傳記資料。

不少佛門學人，對唐代的慧能記憶深刻，卻對他的同門師兄神秀印象不深，其實，他倆都是著名高僧。慧能創了南宗禪，神秀創了北宗禪，慧能倡頓悟法，神秀倡漸悟法，兩人統領了那個時代的禪門風氣。當時，在民間的影響上，雖然慧能略勝一籌，但在官方的影響上，神秀大大超過了慧能。

這神秀，史稱之「兩京法主，三帝門師」，這兩京指長安、洛陽。三帝指武則天、唐中宗、唐睿宗。他所創所倡的北宗，當時有流行語：「北宗門下，勢力連天」，可見其盛。神秀百多歲後才示寂，唐中宗親自為之送葬至洛陽午橋。

可惜的是，神秀示寂後，其門下雖也盡心盡力，但只經幾代，北宗便沉寂了。而慧能的南宗卻風靡了天下，還一花開五葉，歷久不衰，直至今日。

後人總結南北兩宗興衰的緣由，說南宗之興因於其教義的頓法，學之簡單、快捷，其教團深入民間，而北宗之衰因於其教義的漸法，學之繁雜、慢速，其教團依附朝廷。是否如此，千秋自有評說。

不過，從慧能身上，我倒是看到一點：平平淡淡才是真。甚至，平平凡凡才是真。

想那慧能，雖然他很傳奇、很神聖，但他又是多麼平淡，多麼平凡啊！他不識文字，砍柴為生。入寺後，還是劈柴淘米。好不容易被五祖看好後，卻又不得不隱入山林，混跡獵人隊伍中，靠食肉邊菜過活。後來，剃度出家，收徒弘法，雖有帝王下詔延請，但始終婉辭，居於邊地，沒有入京。示寂後，如生前所願，葉落歸根，身歸故里。

自一九八五年出家以來，東壁西壁，拳打腳踢，為了去束解縛，一眨眼，已近三十載。

我自認為，一直以來，心存大信，胸懷大願，也努力地身有大行，但許多事情，多因緣不具，有功無果，深感慚愧。而今，雖不氣餒，卻也總算明白了古訓：事非經歷不知難。

回過頭去看看，回過頭來想想：其實，人生本應平平淡淡，甚至平平凡凡。平淡，平凡，才是生命的本質。那些所謂的轟轟烈烈，多源於強強求求，多是社會化的產物，本與生命的真諦無關。

怪不得，有人問奧運桌球金牌選手鄧亞萍：體育賽事關鍵時，如何才能保有平常心？她回答說：把結果看淡。

是啊，真的要把結果看淡。就算學佛，也應如此。如果我們只關注於自己的每日念佛多少，坐禪多少，誦經多少，持咒多少，何時開悟，何時解脫，每日度生多少，每年為善多少，那樣，真會苦了自己，也苦了眾生，因為強求了自己，也強求了眾生。自己不是鋼材，強用烈火焚煉，只會燒焦。眾生尚不可度，強行逼度，只會逼之離佛更遠。

為此，當我們仍然心存大信，胸懷大願，努力地身有大行時，也不妨再添加一些……比如登登山，看看水，講講課，讀讀書，品品茶，寫寫字……的悠閒行止，外加幾個高山流水的同修，以及幾個異途同歸的朋友。

【息滅妄念的三絕招】

宋代青原禪師有參禪三重境界說：禪之初，看山是山，看水是水；禪之入，看山不是山，看水不是水；禪之深，看山仍是山，看水仍是水。

這讓我覺得，這三重境界說，與息滅妄念的三個層次，有異曲同工之妙。

妄念，佛法說，是條河流。上念接下念，念念相續，川流不息。無論你是學佛、工作、生活、戀愛……皆雙足沒於妄念河流中。

如何息止剎那生滅的妄念，入得寂靜？佛陀智慧啟示我們：要透過三個層次，應用三招。

第一招：觀身不淨、觀受是苦、觀心無常、觀法無我。這裡，觀即是察，也是照。通過這四觀，了知異、滅的真諦，了知身、受、心、法之空性，徹悟世界真空之本質。

三十四祖青原行思禪師

第二招：觀身如身、觀受如受、觀心如心、觀法如法。這四觀，重在體悟世間的存在一面。這存在雖虛假、暫時，但不失生與住的真諦，我們佛教稱此為有。這有不是恒常的，只是現象，只是一種物相，為此稱之為妙有。

第三招：觀身在身，觀受在受，觀心在心，觀法在法。這是對第一招與第二招感悟後提升的新境界，非住空非住有，非滅空非滅有，而能在非空非有之狀態中，了知、融入、自在，猶如入了三摩地，離苦離樂，居於禪悅、有餘涅槃（惑業已盡，生死已了，而身體尚在）。

在第一招，於實際應用中，要求我們控制好眼、耳、鼻、舌、身、意，勿放任之，意在使我們不執著、不貪戀於色、聲、香、味、觸、法。

在第二招，於實際應用中，要求我們妙用眼、耳、鼻、舌、身、意，要正確引導之，勿使入了邪徑，而應生住於健康的色、聲、香、味、觸、法。因為既然事物妙有，一時無法抹殺，便要方便珍惜、隨機妙用。

在第三招，於實際應用中，是第一招與第二招的辯證綜合，既不執著，也不放下；既不積極，也不消極；既不以空為悲，也不以有為喜，契入中道，只在當下，享有當下，生於當下，住於當下，異於當下，滅於當下，珍惜於當下，解決於當下，自由於當下。

當我行筆至此，我想到了曾經在斯里蘭卡讀書時，托缽體驗之情景：清風拂過，袈裟揚起；步淡定，意從容；眼觀鼻，鼻觀心；心繫托缽，缽無所處。

【禪的動脈】

是日，蝸居一隅。

閉門，禪坐。

風，輕輕的，於牆外打個招呼，是否走過?幾縷陽光，剛睡醒，踱在禪舍一角。或許是露，古老的青石板有些濕潤。天井的樹上有鳥兒跳躍而不鳴。夜來了，窗下的小荷潭似有一片蛙聲。

自始至終，坐！

老僧接續著禪的腳步。

一動——雜亂，染汙，衝突；

一靜——秩序，清淨，調順。
坐而定，禪而慧。
進而，突破動靜，突破染淨，
進而，突破生死。
從此，不動不靜，不染不淨，不生不滅。
禪的動脈，是悟的動脈。
禪的動脈，流動的是——和的血。

【生命的前沿與後方】

什麼是生命的前沿與後方？我是站在其中的哪一端？有段時間，我一直在想。由於信仰的原因，每天總見香在燒，燭在燃。這讓我想起生命也總在燃燒，雖然，燃燒的方式不一樣。

我是一個渺小的人，雖然，佛陀說我也有佛性，我也很偉大。自從那時那處，熊熊一把火之後，我再也不敢自比臺燭一支，因為，它會發光，而我不會；我再也不敢自比爐香一根，因為，它會飄香，而我不能。

有時，走在殿堂的廢墟，我會想，我只是一撮香灰，我只是一撮燭泥，或許，只沉潛了一些香燭的氣味。

也是自那時那處以後，我經常行旅在山河。行旅中，我也想，生命如山，也如河。山，高高低低，或巔或谷；河，彎彎曲曲，緩緩急急。這生命有如被綁在過山車上，被捆在渡河舟中。因此，時上時下，時左時右，時順時逆，時安時危。一個活躍的生命，對此定當

應對自如，而我不是一枚活躍的生命，我的木訥無法使我一如活躍的生命那般機敏，因此，對那時那處的一把熊熊之火，我是應對得如此左支右絀。

為得加持，數年前，我曾走訪新疆，拜謁在那玄奘大師西行的取經路上，感悟感受玄奘大師，祈想從中吸取其寧進西天一步死、不退東土一步生的力量。此行中，在古龜茲克孜爾千佛窟，我發覺，佛窟中的佛像皆體貌殘缺，而我卻覺得他們是那樣的完美、不朽。這種感覺，我想，一方面源於我對佛陀的認知，佛陀總是完美不朽的。另一方面，就是源於我對佛像雕繪者們的崇敬，他們的精神如佛陀一般完美，也如佛陀一般的不朽。讓人感動的是，這種完美與不朽，就是在那小小的佛窟裡產生成就的。他們中的一些人，一生的生命就奉獻給了這佛窟，就在其間度過。在一般人的眼光中，他們沒有生命傳奇，沒有生命激情，只有那種平和與從容。但當我撫摸著佛窟的岩壁時，我卻感受到了他們生命的昂揚與震撼。我彷彿看到雕像壁畫活生生地動了起來，我也彷彿看見了雕像壁畫的創造者們，以指為鑿器，以血為顏料，正在全神貫注地創造著。

有時，我會說，作為禪者的生命，應行萬里路，應讀萬卷書，因為，肉體要通過這，得到堅強的磨礪；心情心境要通過這，往禪悅法喜的幸福之邦遷徙；靈魂也需要內在外在的

◀唐玄奘西天取經

▲克孜爾千佛窟(Rolfmueller CC BY-SA 3.0)

跋涉，經電閃雷鳴，狂風暴雨，甚至，經繽紛霞彩，清甜甘露，這樣才會純淨，才會透明，才會蘊含吐納歲月的光明與芬芳。玄奘大師這個聖者，確實告訴我了這一點。而千佛之窟的拜謁，雕像壁畫的創造者們，又告訴我了生命的另一真諦：如果沒有機會，或沒有興趣有這機會，那麼，只要把生命作為一柄鑿器，就會鑿出完美的雕像，只要把生命作為一抹顏色，就會描繪出完美的壁畫。儘管對此，我難於效仿，但我對這些佛窟裡的靜默創造者有著無上的敬仰，他們的生命以默然超越了動感，開出了人生靜美的絢麗之花。

佛教常說，人生的獲得是不易的，生命的存在更是不易，簡直是個奇跡。為此，生命，我想，該有它的地標，該有它的高地。今天，我站在這裡，我不知是生命的哪一端，前沿？還是後方？這源於我淺薄的生命過往。但我想，淡定、清淨永遠是禪者的本色。登上生命的至高點，我應無愧於更不恥於站在這裡。況且，事實已經告訴了我們，或靜或動、或語或默，都能讓生命如臺燭般燃燒著發光，如爐香般燃燒著飄香。

【包容二字重千斤】

似乎，這是個計較的時代，分秒必計較、絲縷必計較、顆粒必計較、毫釐必計較；為此，行道必爭、薪水必爭、職位必爭、名譽必爭。惟缺包容！

包容二字，重千斤啊！

從佛教的觀點，包容即寬容、寬恕，其本質為慈悲，是諒解，乃反省。

為什麼要包容？

前人說的多好啊！晉代潘岳曰：「乾坤以有親可久，君子以厚德載物。」荀子曰：「君子賢而能容眾，知而能容愚，博而能容淺，粹而能容雜。」曹植曰：「天稱其高者，以無不覆；地稱其廣者，以無不載；日月稱其明者，以無不照；江海稱其大者，以無不容。」

這也是前人常說的：有容乃大；天地本寬，而鄙者自隘。得饒人處且饒人；人非聖賢，孰能無過；金無足赤，人無完人。

是的，包容既是理性的抉擇，亦是品德的使然。

許多時候，加之我們的，來自——對方的傷害，是出於無奈的；對方的迫害，是被強制的；對方的欺騙，是情不由己的；對方的背叛，是心不由衷的；對方的謊言，是為了自我的基本保護；對方的失信，是因為世上的失信太多。

因此，真的不要埋怨。如要埋怨，就埋怨自己。為什麼自己障礙如此之多？為什麼自己福報如此之小？為什麼自己前世積德如此不夠？為什麼自己的好運如此之少？

而且應當徹心徹肺，徹頭徹尾，徹徹底底，懺悔我們的往昔所造諸惡業，全因往昔所造諸惡業，我們而今一切皆懺悔。

記得，戰國時，唐雎與信陵君有段對話：

唐雎：我曾聽說，事情有不可忘記的，有不可不忘記的。

信陵君：什麼意思呢？

唐雎：人家有恩於我，不可忘，要圖報；我有恩於他人，不可不忘，讓之過去，就像沒發生。

▶《洛神賦圖》中的曹植

【禪忍】

忍字一個，在禪門，使用率頗高，其玄機很深，其效用甚大。

忍，首先是件苦痛的事情。拆解「忍」字，是「心」上一把「刀」。試想，一把刀在心，無論其利不利，捅不捅，都是要疼死我們的。

為此，我歸納出忍的第一種面目——殘忍。

那麼苦痛，那麼疼，卻要我們忍，多殘忍啊。

忍的第二種面目，則是慘忍。

你想，既提到忍，那麼，哪幾件不是倒楣事？哪幾件不是窩囊事？哪幾件不是生氣的事？哪幾件不是憤怒的事？既倒、既窩、既氣、既怒，自然是夠慘的了。如此慘之下，還要忍，難道不慘忍嗎！

不過，無論是殘忍，還是慘忍，其本質卻是禪忍。

禪是什麼？是靜慮，是不動，是無分別的。忍是禪的過程，如禪。我們之忍，是要做到禪，是要達到禪。

可見，殘忍、慘忍，是禪忍。它們之間，是非一非異啊。

在這娑婆世界，要忍的事情真的許多許多。有的你知，有的你暫時不知；有的你遇，有的你暫時不遇；有的你受，有的你暫時不受。但無論如何，不會因為這樣，就不存在。當然，這也給了我們天然的磨礪機會，讓我們去粗糙返細膩，去堅硬返柔軟，從而沒有了忍的對象，從而提升。

有文明以來，人類就忍、忍、忍，忍生，忍死，忍春秋，忍輪回，不知忍到何時是個被動的盡頭。

歷史上，包括佛教史，忍的公案很多，從中，我們可以感悟到忍的妙諦與真理。

佛教經典《四十二章經》說：有沙門曾問佛陀，何者多力？佛陀告訴他，忍辱多力。該經還說：忍者無惡，必為人尊。

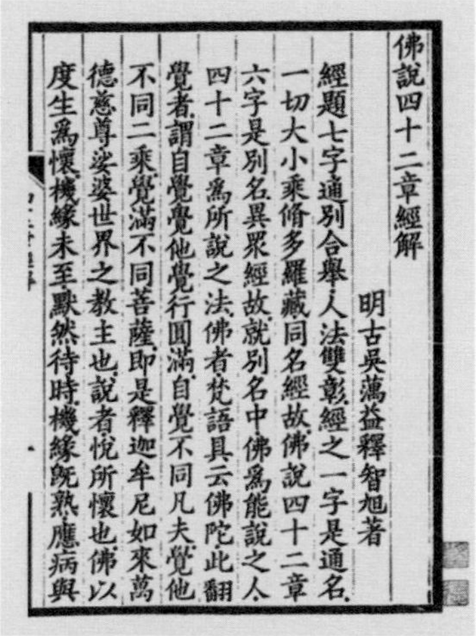
佛說四十二章經解
明古吳蕅益釋智旭著
經題七字通別合舉人法雙彰經之一字是通名一切大小乘脩多羅藏同名經故佛說四十二章六字是別名異衆經故就別名中佛爲能說之人四十二章爲所說之法佛者梵語具云佛陀此翻覺者謂自覺覺他覺行圓滿自覺不同凡夫覺他不同二乘覺滿不同菩薩即是釋迦牟尼如來萬德慈尊娑婆世界之教主也說者悅所懷也佛以度生爲懷機緣未至默然待時機緣既熟應病與

▲《佛說四十二章經解》

佛陀成佛前，曾為五百世的忍辱行者。有次，歌利王妃子向行者請益修行方法，歌利王誤會與不悅，忍辱行者便因此被歌利王利刃切了手臂。被切之刻，行者的第一念頭是：若我能成就，第一個要度的就是你。當時，歌利王問行者：你恨我嗎？行者答：我不恨，如果恨你，我的手臂就不會再長出來。話音剛畢，行者手臂真的長出，以致歌利王大驚。經多少世，行者成了釋迦牟尼，他成佛後，首次度化的五比丘中，有個憍陳如，這憍陳如，便是當年的歌利王。

中國有典故說，唐朝時，鄆州有個叫張公藝的人，九代同堂，相安無事，和和睦睦。唐高宗很好奇，問其原因，張公藝取筆墨寫下一百個忍字。唐高宗為此很感動，便賜號「百忍堂」。張姓從此以百忍為祖訓。

▲印度新德里國立博物館象牙浮雕佛陀生平《度化五比丘》中的憍陳如（坐者）

【隨緣自在與知足長樂】

中國的漢字，真的神奇、創意、迷人。就那麼幾個方塊，稍經一拼湊一排列，就成千姿百態，妙意無窮。比如吧，生死二字，其相關者，有趣又哲理如：出生入死；生生死死；生離死別；貪生怕死……

提到生死二字，就讓我想到人生的幾場戲：青壯年時的開場；中衰年時的連場；殘老年時的收場。以一鳥兒喻之，則是離巢飛出，飛行天地，飛入歸巢。為什麼飛出？因為不知天高地厚啊！為什麼飛入？因為倦飛知返！

青壯年時，我們氣盛，血氣方剛。我們總以為世界是我們的，海闊還憑魚躍呢，山高算什麼，會當凌絕頂的，會當任我飛的，那時，我們就是這麼有自信，這麼有勇氣，這麼有理想，這麼有胸襟，這麼有……

但當我們進入中衰年，我們發覺，世界並不是都由我們說了算，我們於天地之間，其實只是滄海一粟，有太多的困惑與無奈。到了殘老年，我想，我們才知道，人生其實不是那

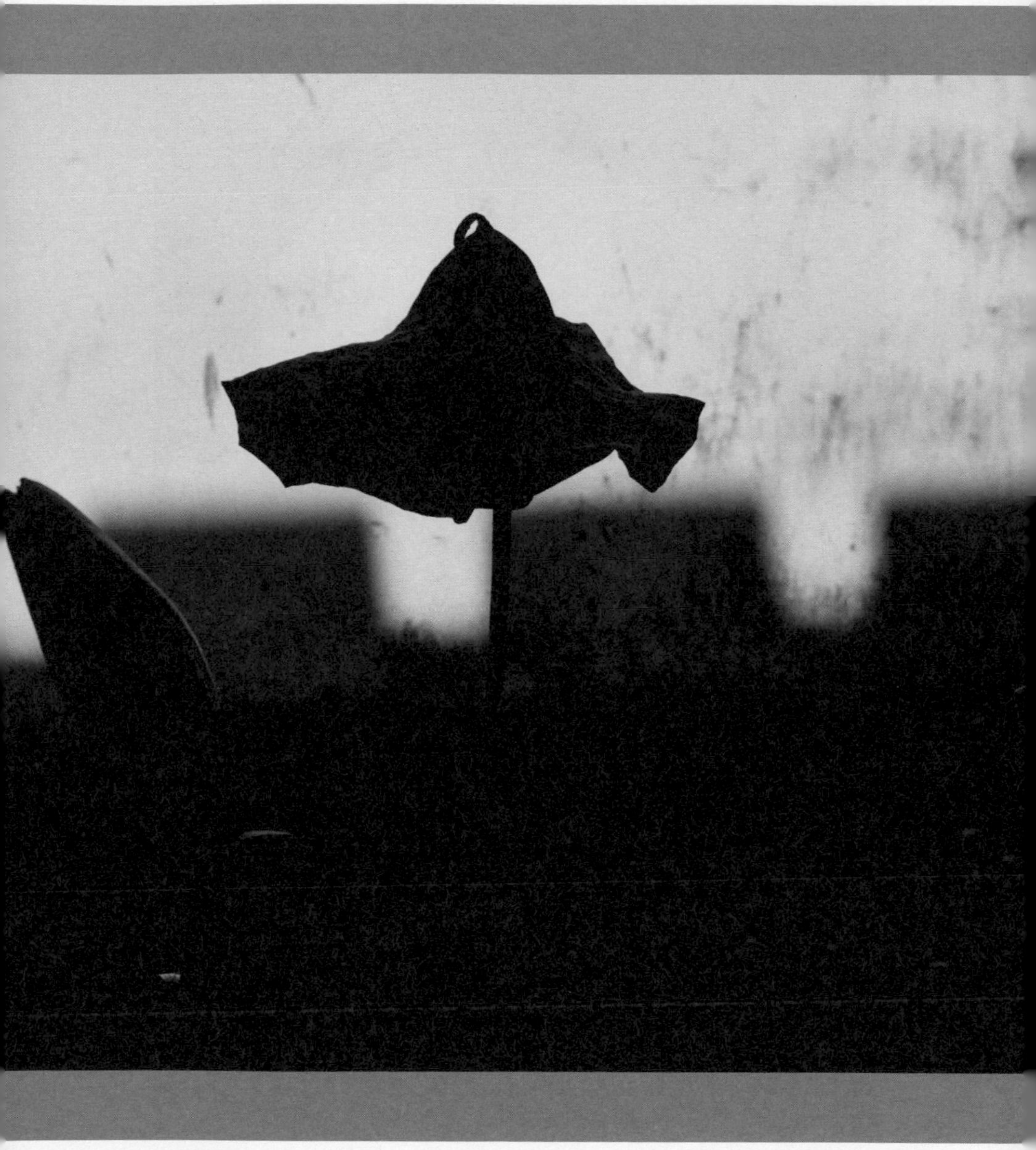

麼回事。是的只是一場戲與一場夢，只是有的演得奢華；有的演得簡樸；有的演得歡笑多；有的演得哭泣多；有的演得見好就收；有的演得賴著不下；有的有人喝彩，被要求再來一遍；有的被人喝倒彩，被轟下臺。

因此啊！還是隨緣自在點好，別太多的執著。

在這點上，禪師們真的太禪了。

一天，有位行者問雲居道簡禪師：禪師的家風怎樣？

雲居道簡：隨緣得自在。

行者問：諸聖說不到的地方，禪師能給我說說嗎？

雲居道簡：你說說有什麼地方諸聖沒有說過呢！

行者問：路上碰到老虎時，怎麼辦？

雲居道簡：為什麼千萬人碰不到，偏偏讓你碰上？

行者問：孤峰獨宿時，怎樣？

雲居道簡：閑著的七間僧寮不睡，誰叫你跑到孤峰上去睡？

是啊，這不是沒事想事、沒事惹事、沒事找事，有點吃飽撐的味道嗎！

也因此啊，還是知足長樂點好，別太多的強求。

有位年輕人，每受委屈時，便繞自家房子與土地一圈一圈地跑，每跑時，他就想，我的房子這麼小，土地這麼小，哪有時間對人生氣？還是把生氣的時間與精力花在努力奮鬥上進上吧。於是，到他年老時，他的房子很大了，土地很大了，因為已事業有成。但是，每受委屈時，他還是繞著房子與土地一圈一圈地跑，這時，他會想，我的房子這麼大，土地這麼大，比起大多數人，我多幸福，何必與人計較？何必計較太多？因此，他從年輕跑到老，每跑必開心，必知足長樂。

隨緣自在與知足長樂者，對生死問題多看得很開、很淡、很透。

據說，宋朝大書法家米芾（又稱米顛）就是這樣一個了不起的人。

這米芾能夠預知時至。在去世前一個月，就與親朋至友告別，也把自己收藏一生的書畫作品一把火給焚了。他還給自己備了一口大棺材，起居食宿皆於其中。在去世前七天，他沐浴更衣，燃香齋素。去世當天，他把親朋至友都請到跟前。臨終時，他舉著禪家的拂塵說偈：「眾香國中來，眾香國中去。」說罷，他放下拂塵，合掌而逝。

哈，不知其生如何！這死，多灑脫啊！

▶ 明代陳洪綬《米顛拜石圖》

【要讓夢想快樂飛翔】

每一個人都有一個夢想。

有的人，夢想是彩色的，但映在臉上，卻是灰的。有的人，夢想是亮的，但落影在心上，卻是暗的。

在福州時，幾乎每天我都來回通行於開元寺與法海寺間的大街上。白晝時，高樓立，名車跑。夜幕之臨，華燈之上，如天星之落，脫卻清氣，閃耀著世俗的光。

有時，長街如龍，而堵著的車馬也如龍。這時，坐在車裡，看著路邊，或走在路邊，看著車裡，我才發現，來來去去的，多是失落的表情，焦躁的腳步，還有呆滯的眼神，我想，甚至，還有粗悶的呼吸。這些，個別時候，還伴隨著膽怯、無奈、煩透、憤怒而突然冒出的零星幾聲喇叭尖鳴。

我很相信，這裡的每個人，哪怕那刻，他們都滿懷夢想。或在車裡，或於路上，或已經實現，或正在追尋。

但為什麼，他們都這麼若有所失，茫茫然然，鬱鬱寡歡？

這幅圖景，我似乎哪裡見過。

我曾住過某國，當時，他們很窮，民族很亂，社會很慘，國家很危，在那裡，我從人們的身上，也有過如此觀感。

但是，今天的中國，不是已經風調雨順、國泰民安、政治穩定、經濟繁榮了嗎？百姓的生活水準也得到了很大的改善，為什麼還……

難道，幸福、快樂，與這些無關？

難道，有夢想，就有負擔？就有壓力？就沒有了悠閒？就沒有了從容？就沒有了愉悅？就沒有了歡喜？如果這樣，那麼，代價該有多大！

我是個出家人，不過，我也有夢想。

雖然，我對夢想，重視其為實現而努力的過程，而不在僅僅為了實現夢想，或夢想本身。

我總認為，人生需要夢想。

就像鳥兒，有了翅膀才能飛翔。

佛教中，就有立大願發大誓的修法，這誓願就是理想，就是夢想。

有了夢想，就能飛翔。

有了夢想，應是一件快樂的事，幸福的事。

因為有了夢想，就有了方向，有了力量，有了希望，有了未來。

每當我帶著夢想上路，夢想從來不成為我的負擔，不成為我的壓力，更不成為我的繩索與鎖鏈，而是我悠閒、從容的翅膀。

也許，我雖有夢想，但夢想從不停息在我昨天的心

上，也不棲止在我明天的心上，只在我今天的心空飛翔，影不落，也跡不留。

充滿夢想，很多時候，我們是為了更好地生活，更有品味地生活，但往往事與願違，就像我看到的人，他們為了夢想，卻還苦苦地奔波在路上，悶悶地困頓在車裡。

為什麼，當你在車裡，在路上時，就不能也讓夢想在心中，在遠方，輕鬆、愉快地飛翔？

有時，有夢想的人困了、倦了、累了，那也未必都是因為心不夠悠閒，不夠從容。而是因為，他們的夢想本身有問題。那是個黑色的夢想，穿著黑漆漆的衣衫，渾身黑暗，只有通過黑色的光，才能把它看見。這種夢想如何讓我們的心能夠泛出神光與異彩？

我很讚歎——人生有夢想。

夢想，將引領你飛翔。

如果，你的夢想竟然讓你沉重而墜落，那麼，你千萬別把那夢想刻在心裡或扛在肩上。

【釋迦牟尼創立佛教的因緣】

經典說，釋尊以大事因緣出現於世。他創立佛教的因緣，我的感悟是——主要有六個方面。

（一）追求公平正義是創生佛教的原動力

佛陀時代，種姓制度導致的階級不平等在印度非常嚴重。作為宗教階級的婆羅門種姓，高高在上；作為執政階級的剎帝利種姓，地位次之；作為農商階級的吠舍種姓地位再次之；作為奴隸階級的首陀羅種姓，則低低在下。

對低種姓階級而言，他們沒有宗教信仰自由權、沒有受教育自由權、沒有與高種姓聯姻的自由權、沒有選擇高種姓從事的職業權。種姓制度使不同種姓的階級人物一出生就註定了他們各自的命運。佛陀認為，種姓制是荒唐的，是沒有正確依據的，是非公平正義的。為此，屬於剎帝利種姓階級的佛陀，要打破種姓制。於是，他提出了人人皆有佛性、人人皆可成佛、人人皆是未來佛，因此人人平等的論斷，並將這理論落實於他的教團各領域各方面的實踐中。例如：他的教團骨幹中，有曾為盜賊的，有曾為妓女的，有曾為理髮師的，有曾為奴隸的，但也有為王子的，為婆羅門師的，並制定了共同遵守的律制，對大家一視同仁。

（二）獲得自由解脫是創生佛教的出發心

佛陀時代，印度的各種思潮活躍，包括一些當地宗教。他們中的一些人，有意或無意地尋求心靈的自由、靈魂的解脫。佛陀對此也不例外。他雖為王子，榮華富貴，但他並不留戀這些。他喜歡思考人生，思考自然，思考社會，思考世界。他也嚮往心靈的自由，靈魂的解脫，並為之積極探索，努力實踐。在佛陀看來，身體上、精神上的一般自由，包括政治上的、經濟上的、文化上的、思想上的……都是有限的自由，是小自由，是有限的自由，是小自由，是有限的解脫，是小解脫。他認為，只有心靈自由、靈魂自由，即超越貪嗔癡慢疑等，超越生死，超越輪回，這才是真正的自由，才是名副其實的解脫。這種大自由與大解脫，正

▲印度種姓制度中的首陀羅

是、才是他人生追求的方向與宗旨。於是，他不顧家國的千方百計阻止，而放棄家國，浪跡山林與曠野，苦行、禪定，終於除塵得淨，明心見性，得大自由，得大解脫，相較於其他修行者，後來居上，榮成教主，尊為佛陀。

（三）看破生老病死是創生佛教的增上緣

生老病死是眾生命運的定數與宿命。比如人，一出生就意謂老病死，只是有的來得快點有的來得慢點，有的來得自知有的來得不自知。記載就說，佛陀於城之四門，分別遇上了生者、老者、病者、死者的境象，讓他深有感觸。從此，讓他更深刻地思考人生的生老病死問題，更急迫地探尋解決生老病死的道路。為此，他曾經嘗試過苦行肉體的方式，但是最終無效。他又改行禪定的方法，於菩提樹下，錘心煉靈，除染趨淨，終於獲得覺悟，超脫了生老病死。

（四）發現苦集滅道是創生佛教的根本因

為什麼社會缺少公平正義？為什麼人生得不到自由解脫？為什麼眾生有生老病死的輪回？佛陀成道後，便洞徹了世間與出世間的種種規律，便找到了這些現象與問題的種種答案。其中，一個重要答案就是：四聖諦——苦、集、滅、道。四聖諦點出了人生的苦、苦因，指出了苦可以消滅、消滅的方法。至於人生苦不苦，看看佛教指出的八苦——生苦、老苦、病苦、死苦、怨憎會苦、愛別離苦、求不得苦及五取蘊苦，就明白了。什麼是苦因？就是無明——貪嗔癡慢疑等。為什麼說苦可以消滅？因為心性本淨，人人有佛性，從本源上講，本無苦因，況且有消滅苦的方法。那麼，何為消滅苦的方法？即修行戒定慧。古往今來，從諸佛到諸菩薩，從諸菩薩到諸羅漢，從諸羅漢到諸高僧，乃至從諸高僧到廣大佛教界的四眾弟子，通過走苦集滅道這四聖諦——四真理的道路，知行合一，終至成就的例子，數不勝數。這讓我們看到了離苦得樂的信心與希望。

（五）實踐悲智願行是創生佛教的方便門

悲智願行，其悲指大慈悲，智指大智慧，願指大誓願，行指大踐行。在中國佛教中，有協助釋迦佛的著名四大菩薩。他們是觀音菩薩，主道場在浙江普陀山，代表著慈悲第一；文殊菩薩，主道場在山西五臺山，代表著智慧第一；地藏菩薩，主道場在安徽九華山，代表著誓願第一；普賢菩薩，主道場在四川峨眉山，代表著踐行第一。這悲智願行是四大菩薩度生的方便妙門，實際上，也是諸佛菩薩度生的利器。至於我們眾生，在修持上也一樣，要有大慈悲，寬恕、包容；要有大智慧，息無明、息煩惱；要有大誓願，心有大格

局、胸有大理想；要有大踐行，知行合一、理論聯繫實際、深於大實踐、深於大力行。這些是成就的根本，也是基礎。

（六）證悟律淨禪密是創生佛教的究竟法

追求公平正義也罷，嚮往自由解脫也罷，看破生老病死也罷，發現苦集滅道也罷，實踐悲智願行也罷，最後，都要落實到實際的操作上或者說具體的運作上。這在佛教，就是修行的既實際又具體的方法與次第問題。佛教並不是僅談意義、只談願景的宗教。佛教提供了可操作可運作的方法與次第。這方法主要的有：持律法、修淨法、禪定法、修密法。每法之中，各有次第，次第之外，有的還可以單刀直入，比如頓悟。不同之法，適應了不同根機的眾生。佛教認為，因緣不同，眾生的根機也不同。要隨機施教，方有大效。

中國佛教有八宗之分，其中就含有這四法。持律法者，專注於戒律的修持，如弘一法師。修淨法者，專注於淨土法門的修持，如印光大師，一心專

▶ 虛雲老禪師

念阿彌陀佛。當然，淨土不僅一種，有彌陀的西方淨土、藥師的東方淨土、彌勒的兜率淨土等。禪定者，專注於坐禪、靜坐、止觀等的修持，如虛雲老禪師，一入定便是幾個時辰，甚至幾天。有次，他生火於鍋中煮土豆，乘空閒禪定，待他出定，鍋中土豆已開始生黴長毛。修密者，他們專注於密行的修持，如能海上人、持松上人，他們修行的是佛教的密宗法門。這裡要提醒的是，密宗並非藏傳佛教獨有，漢傳佛教中也有密法，如唐密等。這唐密傳到日本後，還演化出日本佛教真言宗呢。佛教說，法門無量。但這四法卻有相當的代表性，在佛教中有眾多實踐者，到目前為止，還是佛教修行的主要法門。

以上六個方面，我認為就是釋迦牟尼佛創生佛教的大事因緣的重要組成部分。在這六大因緣中，釋迦王子不僅示現解決了他自己的問題，更解決了眾生的問題。眾生終於有了自度與被度之路；世界終於有了自救與被救之道。

【我的宗派觀】

近日，參加一個關於如何繼承弘揚傳統文化的茶敘會。

有個別學者認為，南傳佛教為小乘法，北傳佛教為大乘法，說南傳佛教為羅漢道，北傳佛教為菩薩道，據此，推崇大乘，曰之究竟，具大慈悲，小視小乘，曰之不究竟，是自了漢。

又有個別學者認為，南傳佛教為原始佛教，代表佛陀真正的精神，而北傳佛教，經祖師發揮，非原始佛教，改變了佛陀的精神。

也有個別學者認為，南傳佛教經典是真正的佛說經典，而北傳佛教的某部經典，非佛說的，是偽經。

對此，我的看法是：

（一）我們要跳出時空看問題，要跳出南北看問題，要跳出宗派看問題。要站在高處看，要打開胸襟看，要廣開視野看，要心具大格局去看。以這種方法、態度看，就會發

現，佛法就是佛法，沒有南北之分、沒有大小之分、沒有究竟與不究竟之分、沒有真佛法與假佛法之分、沒有羅漢道與菩薩道之分，只有佛法、佛道。這佛法河流，無論於其源頭，無論於入海口，都是河水，或鹹點，或淡點，但主體結構、本質內容，都是水，這就夠了。如一定要說有分，也只是次第與步驟之別。就如河水，所流到的位置不同而已。我們如何可以於細微處鑽牛角尖呢？這些細微處，本來就是佛陀設定的方便法嘛。而且，這種佛法河流，難道在哪個時間點開始出現錯誤了嗎？佛法斷裂？邪法洶湧？如果那樣，這佛法就不會旺盛流傳到今天。

（二）判斷是否佛法，不是以誰說的為標準，也不是以真經假經為標準。這點，佛陀早有交待，是否佛法，標準是三法印或四法印，即：諸行無常、諸法無我、涅槃寂靜、有漏皆苦。佛陀還為我們定出了四依四不依的標準，即依法不依人、依義不依語、依智不依識、依了義不依不了義。符合者是佛法，不符合者非佛法。如果，我們以是否佛親口說，或以是否真經來判斷是否真佛法，那麼，我們就落入了錯誤的方法論。我這樣說，並不是說北傳經典中真有假經。其實，經之真偽，不能以學者的考證結論為結論。學者做的是學問，不是信仰，學者是凡夫，讓凡夫考證聖者佛陀經典的真偽，也並不恰當。學者的考證只是觀點，不是真理般的結論。如以學者之論，那麼，《六祖壇經》說的是否為佛法呢？那麼，《百丈清規》定的是否為佛法呢？

（三）佛法講因緣法，即講運動變化法，講根本法，認為人各有因緣，要有對應法。因此佛教有無量法門，對治無

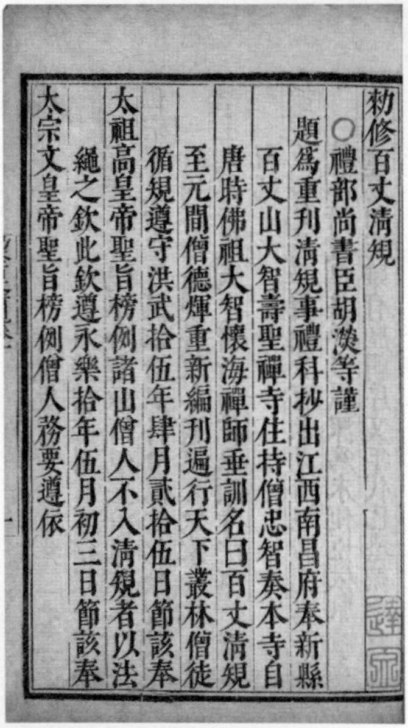
勑修百丈清規
○禮部尚書臣胡濙等謹
題爲重刊清規事禮科抄出江西南昌府奉新縣
百丈山大智壽聖禪寺住持僧忠智奏本寺自
唐時佛祖大智懷海禪師垂訓名曰百丈清規
至元間僧德輝重新編刊遍行天下叢林僧徒
循規遵守洪武拾伍年肆月貳拾伍日節該奉
太祖高皇帝聖旨榜例諸山僧人不入清規者以法
繩之欽此欽遵永樂拾年伍月初三日節該奉
太宗文皇帝聖旨榜例僧人務要遵依

▶《百丈清規》

盡煩惱，而不是一個法門，對治一個煩惱。因此，我們的寺院才有佛陀坐中間，迦葉、阿難站兩邊，三位一體，彰顯佛法表現的多元化、多樣性。讓迦葉忠於傳統風格，讓阿難有所發揮，而這兩者，皆不違背佛陀的這個中間原則、核心思想、中道精神。我們如果否定了阿難，就否定了佛陀，因為，佛經是阿難口述的佛陀開示，難道阿難胡說八道嗎？而所謂的大乘佛教就多從阿難主張之大眾部而來。如果，我們否定了迦葉，也否定了佛陀，因為，迦葉是佛陀首席弟子，最忠於佛陀的本懷，而所謂的小乘佛教則多從迦葉主張的上座部而來。

我們應該認為，迦葉心中的佛法與阿難心中的佛法，是佛法的一體兩面，是佛陀不落偏見教誨的最好體現，如果佛法只有一種形式，永遠一

初祖摩訶迦葉尊者

二祖阿難陀尊者

種體現，那樣不就是成為偏見了嗎？也違背佛陀自己的教誨。佛陀早就預示並忠告弟子，他去世後，有些他規定的小小戒要根據時空的改變去改變。這也說明，迦葉與阿難教法形式之不同，早已為佛陀所預見，所認同，所期待。這從佛陀預告我們彌勒佛要來接班，更證明了這一點。彌勒佛的佛法還是釋迦佛的佛法，但到時，表現形式與具體表現，就大不一樣了。誰能說，彌勒佛之法不是佛法呢？

（四）我們對佛法的態度，應是：不否認一法，不肯定一法，而是客觀地介紹，述而不作，原來如是。作為聽者，雖是聽從同樣的介紹，卻會對之有不同的理解，不同的收穫，這正是佛法的奇妙，即佛教說的，佛陀一音，眾生卻有千千萬萬之解。也因此，佛雖一音，但千千萬萬人卻都認為是真理，皆得受用。這千千萬萬人，據其真實體驗，從而轉述他心中眼中的佛法，這佛法表現形式就因此更豐富了，度生就更廣闊，這也正是佛陀希望我們弟子們要去做的。因此，有道的祖師們便開創了諸多的法門，從印度時的多部派，到中國時的多宗派，佛法之花，異彩紛呈。誰能說黃花、綠葉、紫花、紅葉中，誰好誰不好呢？因此，部派無優劣，宗派無優劣，皆是因緣產物，皆是時空的需要。如果說，部派有優劣，宗派有優劣，這就說明，僧有優劣，信徒有優劣，這是佛法斷然否定的。因為人人有佛性，皆可成佛，皆平等，眾生無優劣。否則這佛法就矛盾於那佛法，這怎麼可能呢？

（五）我們有時候會產生一種錯覺，以為遠古的人多對，近古人的多錯，或相反。我說了，這是一個錯覺。其實都會有對錯，都一樣，這包含今人。問題是，祖師是證悟者，不是我們通常意義上的人，以我們會犯錯的今人，以我們的觀點，我們如何去評價祖師們的對錯呢？因此，我從不去否認祖師的觀點。我只管相信祖師說的就是。祖師說話，自有祖

師的道理。祖師是佛陀的嫡傳，否認了祖師，推演上去，就否認了佛陀。否認中國祖師，就否認了印度祖師。因為，中國祖師法從印度祖師。否認了印度祖師，那麼，就否認了佛陀，印度祖師法從何來？從佛陀處來啊。所以，在學習佛法中，我始終堅持一點，佛法無高下，但佛法千變萬化、千差萬別。觀音的千手千眼，就是佛法的千姿百態，也因此，一下子就相應地度脫了千千萬萬種的眾生。這正是佛法的威力奧妙殊勝所在。歷史上，只有單一手段度人的宗教或哲學多已失傳了，佛陀早就預見到了這一點。人尚且不能走入同一條河流，何況要讓佛法表現形式保持千年如一呢？

（六）我曾學修北傳佛教，也曾修學南傳佛教，我不認為，哪個才代表正統，其實，都

是正統，都是法乳一脈而來。我曾接法禪宗，對禪宗也情有獨鍾，但我不因此否認或輕視其他。我知道，我的根機、我的因緣、我的精力只允許我去側重於宣傳禪宗、實踐禪宗。但這只是我個人條件、能力、時間的問題，而不是哪個宗派的問題。但我也知道，漢傳禪法是通於藏傳密法的，漢傳禪法又是通於南傳靜坐法的。而且，它們又通向佛教的所有。因此，我昨天、今天乃至明天的講經說法，就選擇了以靜坐法門——禪定法門——密行法門為主線，進行理論的感悟闡述，實踐的修持體驗，同時，也以其他宗或派作為這主線的參照，互相印證，相互印可，讓本來一體的佛法歸之一體，而不以人為的偏見強加於佛法，讓人誤以為佛法也是偏見的。我始終相信一點，佛法之於人，信仰之於人，從來不靠過猶不及的爭取，更不應靠強迫，而是自願選擇的結果。因為某種緣分，我們選擇了某種形式的佛法形態，所以我們就相應於這種形態的佛法，這式佛法就給予了我們受用。而這選擇，不是因，而是果。而這因，正是我們應當急不可待地去解決的課題。

最後，我要說的是，作為一個真正致力於信仰的虔心修行者，如果您不是一個純學者的話，那麼，我們不應在所謂的大乘與小乘、這宗派與那宗派之間，就誰優誰劣或誰是主幹誰是枝末等問題上去浪費工夫，因為那沒有意義，也沒有答案，更何況，本來人生就苦短啊！

【公私分明】

四十五世楊岐方會禪師

僧是一把鑰匙，法是一把鎖，佛是一道門。

鑰匙一旦生銹了，如何開得了鎖？開不了鎖，如何進得了門？

可見，生銹在這，看似小事，實為大事。

作為凡夫，心生私念，心生私欲，我想，就如鑰匙生銹一般。

私的反義，就是公了。

這公，就如嶄新的鑰匙，泛著亮麗的光。就如人心的無私與無欲，猶如聖者一般。

遺憾的是，我們多只是個普通修行者，或許雖非凡夫，但未必就是聖者。我想，我們只是走在從凡夫到聖者的路上。

因此，我們的心如果生銹了，那麼，就要趕快將之鏟盡、磨光，不因私念小，而輕視之，不因私欲輕，而疏忽之。

我們的祖師們在這點上做得特別好——

當年，楊岐方會禪師夜裡看書，不敢用寺院的油點燈，而是自己去買去備。當時，他已是寺院的當家（又稱為監寺，負責全寺的行政工作，並掌管財務與庫房，在日常寺院管理上的權力僅次於方丈）了。洞山寶壽禪師做當家時，方丈生病了，需用生薑熬紅糖食用，為此，方丈侍者請求寶壽禪師批准庫房給予這兩件食物，不料寶壽禪師卻要求方丈拿錢來買，還說：公物豈可私用？

你看，這兩位當家，公私多麼分明啊！

這也是寺院庫房常貼的一幅對聯聯語之來源。該聯曰：楊岐燈盞明千古，寶壽生薑辣萬年。

令人感動的是，若干年後，方丈擬退居，有人問他，誰可接任？方丈舉薦說：賣生薑的那個漢子就可以。

因此，寶壽禪師成了洞山的又一代名主。

【惜福積福】

昨午，我陪遠道而來的同參用齋於某素食館。鄰桌有一青年，一人獨享七菜一湯。他僅吃約半，便結帳，揚長而去。同修感歎：不惜福，會折福啊！

是啊，佛門有謂：一粒米，大如山。因為，它是天地之獻，因緣之結，來之不易呀。因此，古人總是勸慰我們，要珍惜粒米絲縷，珍視福德。

早年，曾追隨過一些德高望重的佛門前輩，如茗山長老。在南京棲霞山佛學院求學時，他是我們的常務副院長。我們發現，在過堂用齋時，他總是把碗裡的飯菜吃得乾乾淨淨，絲粒不剩。

福建佛學院的圓拙長老，我雖沒有追隨過，但因開會、探望等機緣，也時有接觸。有幾次，見其用齋，也是如此，飯菜絲粒不浪費。

圓拙長老在衣著上，也非常節儉。每次見他，總是穿著那麼一兩件灰灰舊舊甚至破破的僧衣。

在這點上，我想，圓拙長老除了本著謹守佛教精神外，一定也受著其恩師弘一大師的影響。我們看資料便可知道，大師總是穿著灰灰舊舊破破的僧衣，即便圓寂時，也是這樣。

可見，惜福在佛教，既是一種美的德，也是一種美的格，我想，也是一種很好的修行方式。

作為僧人或普羅大眾，真應依之信受奉行。我相信，福報定是由此而積，福德也定會由此而增。

【為僧當為釋弘一】

被趙樸初先生稱為「無盡奇珍供世眼，一輪圓月耀天心」的弘一法師，多數時間駐錫福建。在俗時，姓李，名叔同。

近期，忙於有關弘一大師的閩台研討會事宜。昨日，又於泉州開元寺召開相關事宜的協調落實會議。下周，研討會就要開幕了。

忙忙之中，對弘一法師，對其宗教情操，又有了一些新的感觸，新的認識，崇敬更加，翹首仰止。

文明中華，百年以來，讀書人不少，信仰者不少，而如弘一法師式的，只有弘一法師。

◀弘一法師

弘一法師弟子豐子愷曾這樣形容其恩師的人生。他說：人的生活可分為三層，一是物質生活；二是精神生活；三是靈魂生活。一者就是衣食，二者就是文藝，三者就是宗教。豐子愷認為：弘一大師就是一層一層走上去的。

我崇仰弘一大師的是，他衣食正豐時，卻決絕地將衣食捨棄，他文藝正豐時，又決絕地將文藝捨棄，一心皈命到宗教——靈魂的原鄉。

這些，從發生在大師身上的一些小故事，便可確確實實地看出——

他經寧波，住一小旅館，夏丏尊先生擔心小旅館太髒，不宜他住，大師回應他：臭蟲也不多，只有兩三隻，很好了，再說，主人對我還非常客氣。

青島湛山寺請他講經，他去了。當大眾看到他那一身「寒酸」的行頭時，都不敢相信，這就是名聞南北的弘一大師。他拎著一個破麻袋包，口上用麻繩紮著，翻出內物時，見的是破海青、破短褂、破僧鞋。麻袋包之外，他還拎著一把破雨傘，傘面上纏著一些鏽鐵線。在湛山寺講課期間，首餐，寺裡為之備了四菜，他一點未動。第二餐，為之備了三菜，又一點未動。第三餐，為之備了兩菜，還是一點未動。

▶青島湛山寺

末了，寺裡只好為之盛去一碗大眾的羅漢菜，他吃了。不僅如此，他還過午不食，一日只食兩餐。

上海劉傳秋居士曾贈巨額資金給弘一大師，他甚至看也未看，就讓蓮舟法師拿去買米，救濟社會大眾。

弘一法師出家前是著名的才子，書法、金石、繪畫、音樂、詩歌、戲劇、表演等等，莫不精通。為僧後，除了書法，以之抄經抄偈予人結緣外，其他技藝，一項不留。他專心致志於宗教上的修持，是持戒苦行的典範，以信仰虔誠著稱，被稱為當時的持戒第一人，並被號稱為律宗第十一祖。他一出家，便幾乎謝絕一切應酬往來，潛心於佛教戒律的修習，整整花五年的時間，著成一部《四分律比丘戒相表記》。

每次，弘一大師落座前，總是要把椅子搖一搖，豐子愷不解。問他，他說：恐有小蟲子在上面，突然落坐，會壓死，搖之，可讓牠們走避。

夏丏尊曾講過一件事，有次，大師經上海，向坊間買了一副仿宋活字，擬用於印經，不料，字體參差不齊。為此，他便發願自己寫一副，以便製成活字。從此，他就依漢字字典編旁部首為序，日夜趕寫。當他寫到「刀」字部，忽然停筆，半途而廢。大家感到奇怪，原來，他覺得這「刀」部字，多有殺意，不忍下筆。

大師以不辯聞名。《星光日報》曾莫名其妙地登了一些所謂的弘一法師的故事，他看了，沉默不語。別人為之打抱不平，他就勸別人：要不辯止謗。他認為，白衣上沾點墨，不擦它還好，急著擦，會被塗成一大片。他常告訴人，戒律是拿來戒律自己的，不是拿來戒律別人的。他於臨終前，給我們留下十訓，即：虛心、慎獨、寬厚、吃虧、寡言、不說人過、不文己過、不覆己過、聞謗不辯、不嗔。

弘一法師住廈門時，曾遇日本飛機轟炸，彈片都嵌入牆壁。

有人勸他趕快轉移，他說：出家人何死之畏？便於牆壁上書寫「殉教」二字。這正如他的頌菊詩：「亭亭菊一枝，高標矗晚節。云何色殷紅，殉道應流血。」中國人講字如其人，有人評價其書法的純淨境界，例如葉聖陶說：「其純淨自然之風度，有難言之美。」我想，這難言之美，不正如他的遺偈一樣嗎？遺偈曰：

「君子之交，其淡如水。執象而求，咫尺千里。問余何適，廓爾忘言。華枝春滿，天心月圓。」

於泉州開元寺召開協調落實會議後，我們乘高鐵回福州。路上，與同仁談及弘一大師，同仁笑言：看來，你是要做個弘二法師啊。哎，果真如此，那也不枉我本性出家一生了。

文末，我真想說：生子當生李叔同，為僧當為釋弘一啊！

【道未遠離】

近日，閉居鼓嶺柳杉別墅，參加有關部門舉辦的讀書會。期間，有同道來訪，他感歎：人心不古，世風日下。他也擔憂：末法來臨，道已遠離。而我認為，同道觀點是否太過悲觀。其實，現今社會以及佛門，不乏正面的力量。關鍵是，要看我們是否予之大力的肯定、支持、弘揚，使之扎根、成長、壯大。

我想說的是——道未遠離我們，是我們遠離了道。

讓道回歸，是我們這一輩人的責任與使命，因為佛門需要，社會需要。

促道回歸，我們首先急迫要做的，就是要加大對道的傳播力度——講經說法、著書立說。這需要培養出一大批在認識上、思想上、實踐上有高度、有深度、有廣度的大法師、大居士，甚至大專家、大學者。

而這傳播、這培養，需要堅持、堅持、再堅持，從一代人到一個世紀。

堅持，對人生、對世界都是非常重要的，沒有堅持，就沒有有效的過程與結果。

我總認為，堅持是點燃夢想的火把。有堅持，才有成功的火焰。有堅持，才有未來的光明。

古語說：聚沙成塔，滴水穿石。

是啊，曾經，佛陀堅持六年苦行；達摩堅持九年面壁；虛雲法師因為堅持，從雲南雞足山三步一拜，拜上五臺山；印光法師因為堅持，一生六次閉關閱藏，總其十八年。

記得有個木鑽穿石的故事：

一個聖人對他弟子說，你用木鑽，鑽穿我手上這塊石頭，屆時，我就會來度你。為了得度，弟子日月精勤，終於石穿得度。

這應驗了：只要功夫深，鐵杵磨成針；世上無難事，只怕有心人。

▼翁山蘇姬（Claude TRUONG-NGOC CC BY-SA 3.0）

這也讓我想起兩位歷經磨難的名人，他們一直為我所敬重、所敬佩。一位為男性，一位是女性。他們是南非的曼德拉先生與緬甸的翁山蘇姬女士。他們為了自己的信仰，在失去自由，甚至可能失去生命的情況下，始終堅持，堅持始終，以被囚居數十年等的代價，贏得了世界大多數人對他們的肯定、認同，終於獲得了光明，取得了勝利。

這是多麼感人又多麼具有說服力的堅持的活生生事例啊。

相反，有的人在困難面前，或在欲望面前，就將信條拋到腦後，本來是前進著的，這時就打了退堂鼓。

佛經中有個故事：

有一富婆，趁丈夫長年在外做生意，就捲了家中所有財物，與私通男子私奔。一日，到一激流河邊，男子對她說：「財物先讓我背游過對岸去，然後，再游回來背你過去。」待那男子背著財物一過河，就背起財物逕自而去，直使得那富婆頃刻之間變窮婆，在河這岸直跳腳乾瞪眼，悲憤羞愧後悔不已。

有趣的是，佛經中的這個故事並未就此結束，而是繼續寫道：這時，有野狐捕得一雁，忽見河水中有一魚，牠便棄雁就魚，不料，魚未取得，雁卻失去，搞得野狐茫然失措而呆立。那窮婆真真切切地看到這一切，很感慨地自言自語道：「你太癡呵，貪心欲得一雙，結果，反而是兩失啊。」

這就是三心兩意，不能堅持的後果之一啊。

佛法之道，自釋迦創教，傳承至今天已經二千五百多年，多麼的不易。至此，如果不能很健康、很好地繼續傳承下去，我們將是佛門的罪人啊。這樣，我們很可能因此無緣於淨土。即使佛陀悲心，仗佛慈力，我們僥倖有緣佛國，屆時，我們又有何面目見我們的慈父釋尊呵！

人命呼吸間，生命如朝露。歲月如過隙光與塵，稍縱即逝。既然人生如此難得，既然人生難行能行，我們有何理由不珍惜面前因緣，有何理由不本著信仰初衷，堅持以奉道和弘道為家務，以化世與度世為事業，生命不息，精進不止呢？

最後，我要說的是——道未遠離，道就在側，道就在身，道就在心。道是一面鏡子，我們向之微笑，它就微笑向著我們。正如我們的佛性。因此，只要我們對道充滿信心，對自己充滿信心，堅持重道、尊道、宏道，那麼，佛法之道就會觸目可及、就會觸手可得、就會觸心可感、就會觸意可應……從而遍佈整個世界。

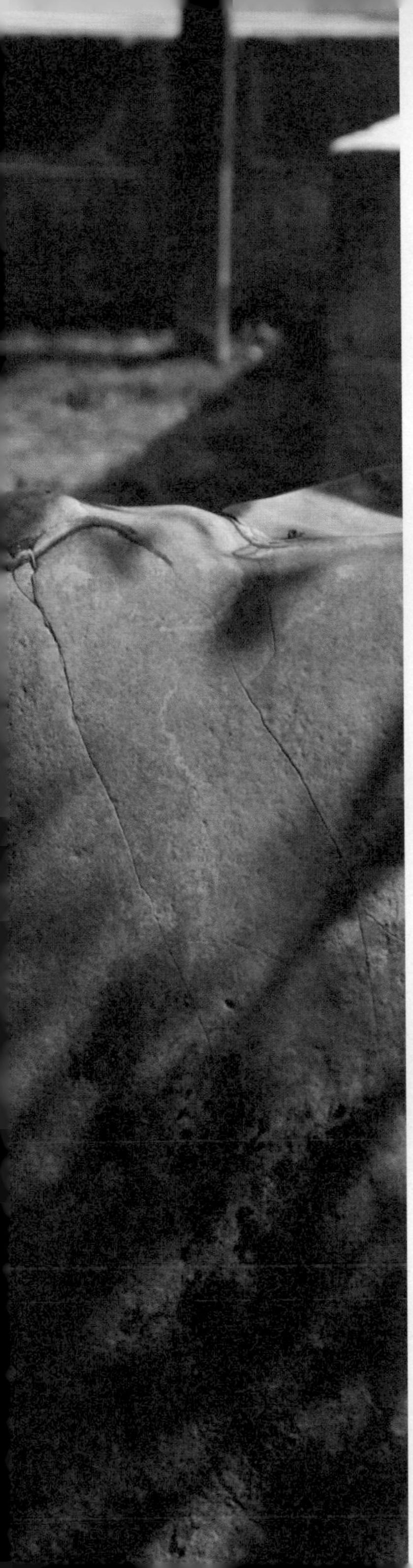

【佛陀的改革】

佛教是拯救解脫心靈的宗教，也是改革的宗教。

佛陀是神聖偉大的心靈導師，同時也是改革的導師。

二千五百年前，佛陀在印度大陸創立佛教，開出潔淨人類心靈的妙方。同時也一反當時當地社會的落後文化，首創民主文化，首倡民主之風。

佛陀的改革主要體現在：

一、挑戰婆羅門教為主導的國家統治思想——推出緣起論，高倡自由！

國家統治思想——婆羅門教有三大綱領：吠陀天啟、祭祀萬能、婆羅門至上，主要提倡梵天創諸神，創世界，諸神與世界依梵天而存在，梵天是唯一真理，唯一主宰，諸神與世界皆不得有違其意志。而婆羅門教團便是梵天在人間的代表。順婆羅門即順梵天，反婆羅門即反梵天。為此，婆羅門的意志就是大家的意志。婆羅門說的訓誨，大家必須聽從，婆羅門制定的條條框框，大家必須遵守。

由此，人民沒有了自由思想、自由行為。

佛陀挑戰這婆羅門教——

作為覺者的佛陀，提出緣起論。此有故彼有，此無故彼無，此生故彼生，此滅故彼滅。認為諸法緣起，因緣和合而生，因緣離散即滅。不存在創造諸神與世界的梵天，這宇宙沒有唯一性的主宰者，諸法無我，命自我立，自己就是自己的自由意志。

佛陀的自由思想一出，婆羅門教思想受到強烈的衝擊，印度大陸一些國家便開始失去了統治地位。佛教思想開始取而代之。

二、反對四種姓貫穿的社會階級制度——推出佛性論，高倡平等！

印度當時有四個階級：即婆羅門——宗教集團；刹帝利——政治軍事集團；吠舍——工商階層；首陀羅——奴隸階層。婆羅門教有個理論說，婆羅門從梵天口生，

▶種姓制度中的刹帝利

剎帝利從梵天臂生，吠舍從梵天腿生，首陀羅從梵天腳底生，所以婆羅門高高在上，最可貴，首陀羅低低在下，最低賤。

在這種階級差別中：婆羅門允許四妻，剎帝利允許三妻，吠舍允許兩妻，首陀羅只允許一妻。婆羅門享有社會與宗教多種權利，且為「再生族」。但首陀羅卻沒有。首陀羅沒有宗教信仰及宗教活動參與權，是「一生族」，死後不再投生於世，也沒有社會教育權、從政權、從軍權、從商權，亦沒有與上等階級通婚權。

佛陀的緣起論推翻了梵天的權威，也推翻了婆羅門教的權威。

佛陀推出了人人有佛性，人人皆可成佛，人人皆平等的佛性論。認為婆羅門享有的，大家都可以享有。從此，貴賤不再以種姓分，而是以善惡分。婆羅門惡，照樣下地獄，首陀羅善，同樣上佛土。這受到婆羅門階級外另三種姓的歡迎與支持。

在佛陀教團中，我們可以看到在這方面的實踐。裡面有妓女、士兵、商人、強盜，但也有帝王、國師、皇后、大臣。優婆離原為理髮師出身，後來成了佛陀十大弟子之一。

三、反對當時印度社會濫殺戰俘及動物的暴戾風氣——推出生命至上論，高倡人權！

當時印度分裂成許多大小諸侯國，彼此間連年征戰，人民死傷無數，尤其濫殺俘虜。而且作為國教的婆羅門教也濫殺動物，每一次祭祀，就大殺動物作為祭祀品。佛教反對這麼做，認為虐殺生命，即便是神也會痛苦嚎叫。為此，佛陀認為：基於緣起論，大家共生共榮，為人即為己。又基於佛性論，人是未來佛，眾生即佛，殺眾生等於殺佛。基於輪回說，大家有可能互為父母兄弟姐妹，殺他人即為殺親人。為此，他倡慈悲為懷，他倡放生護生，禁殺生虐生。認為生命難得，要珍惜生命，維護保障生命權，尤其要維護保障人的生存權。

四、這裡要強調的是，上述佛陀高倡的自由、平等、人權有其社會性的一面，更有其宗教性的另一面。佛陀理解的自由——包含著絕對自由與相對自由；時間自由與空間自由。佛陀理解的平等——主要指人與其他眾生的平等；人與人的平等；過去、現在、未來的平等。佛陀理解的人權——體現在尊嚴出生的權利；尊嚴生存的權利；尊嚴死亡的權利。這也是佛教反對墮胎、安樂死、死刑等的原因。

西方的民主思想真正成型的，要數法國盧梭（Jean-Jacques Rousseau），他曾說：「人生而自由平等，人性的首要法則，是要維護自身生存。」他是西方自由平等人權文明的始祖。但他生存距今才三百年左右，而佛陀則距今二千五百多年前。我曾就佛陀人權內容與聯合國《世界人權宣言》內容進行對照，許多內容是何等的相似。這不能不讓人感歎佛陀的先知與先覺。

◄盧梭

【回不去了】

上午，故鄉來人，說起父老鄉親在新時代以新的方式——背井離鄉，且回不去了，不是不想回去。問為什麼？說：離鄉後的鄉親已不再是離鄉前的鄉親了，或於思想，或於靈魂。

是這樣嗎？

說實在的，我喜歡聽「回不去了」這句話。因為，這是契合規律——契合佛法。我曾凝視山川，但已不是凝視的山川，我曾凝望花草，但已不是凝望的花草，我曾凝思此身，我曾凝神此心，但已不是此身此心，更不是所凝的自己。

有時候，我為文作章，也常寫回家、歸鄉、還家、返鄉的句子。有人猜：是呵，還稱我，還有我，怎麼回得去呢？

每次我出差或出門，即將歸返時，人們總要熱情地與我打招呼：「師父，你要回去啦！」有時，我愛回答他們：「回去哪？沒地方回啦！」他們一聽，總是很關心地問：

「怎麼啦？」能怎麼啦！正如此我已非彼我一樣，彼處也已非此處，彼寺也已非此寺了。為此，哪還有我的曾經之處啊？

回不去的現實，告訴我一個道理：自然、社會、人生，一切的一切，是變化的、變幻的、剎那的、瞬間的，只是點，不是線。為此，我從不去苛求什麼，從不去奢望什麼，包括對人，包括對己。因為是凡夫，他是變變變的示現，前一刻，他做錯了什麼，這一刻，他已非他，什麼錯也已經過去了，成過往了，還責怪他幹嘛？何況，就算責怪，責怪的又豈是他。

我曾對未來抱以將來的期許，豈不知將來的舞臺，早就有未來在預演。為此，當我想想——鄉親們回不去的時候，我也就不覺奇怪與困惑了。反而覺得，那又有什麼不好呢？

【還回那香與果】

小時候，我是個貪嗔癡慢疑俱全的人。

我常常隨外婆到門前大海岸邊的某處，在媽祖娘娘信仰的遺跡點，上支香供個果。但是娘娘沒有滿足我的願望，於是我不滿了，心生怨恨，於是有一天，自己悄悄跑到那裡，把那裡一支尚在燃著的香拔掉，把尚在供著的一個果取走。因為我想，既然不靈，我就要把自己曾經付出的重新索回。

待我稍長，感覺當時那種做法似有不妥，於是，又悄悄地跑到那裡，乞求娘娘的原諒，希望減少罪過，但卻不肯深刻地懺悔，卻以當時年小為犯錯的藉口。

及我長成少年，我外婆去世了。舅舅告訴我說，外婆臨終前交待，等我長大後，如能到她墳墓前燒支香供個果，她在九泉之下就笑了。於是，我一自覺長大，第一件事就把這辦了。我不知道，我的外婆是否因此笑了。但我從來不敢也從未想過把那支香拔去，把那個果取回。

後來，我是青年了，臨終前的舅舅從床頭拽出一個袋子，裡面有個榮譽胸章，有本結婚證書，還有個廢棄的單位公章，以及沒有多少存款的銀行存摺。他交待我說，這些，待他走後，一同交付爐火，與他一同隨煙而去。這讓我心痛之後而又心輕鬆，於是因生緣生，不久後，我也懷揣故土，走出故鄉。

而今，我已中年，老之將至，我不願看到，在我臨終的時候，外婆舅舅家門前的媽祖娘娘，因為我小時候的貪嗔癡慢疑而來索回我拔了她的香與取了她的果。為此，如今，我最該做些什麼，我最該自己去知道。

【蒲甘的千寺萬塔】

據說，蒲甘的寺塔最早的建於二千五百年前，後來，歷代有修建或新建，現在還遺留千寺萬塔，散布於一馬平川的土地上、樹林中。

司機安排我到訪的第一處為阿難陀（Ananda）寺，最後一個是瑞山陀佛塔（Shwesandaw Pagoda）。多數的塔，人無法爬登到頂上，而最後這一個則可以，我與許多外國旅行者於傍晚時分登上該塔，為的是觀日落。由於上去時，尚未落日，便於塔上打了一會兒盹，竟睡著了，待得醒來，正好落日，搶拍了一些照片。於睡著中，似乎有誰入得夢來，持傳統樂器為我演奏，隨著演奏，幻見三百年前和三百年後的我，以及我的世界。

日落之後，不少人沒有急著下來，而是在塔上觀看夜幕初臨時的周邊景致。我也一樣。夜幕初臨，在塔上，我在想，這地方應是眾佛眾神的彙集和棲息之所，亦是群魔的覬覦與懼畏之所。前者如日出，給予光明，後者如日落之後，總要施以越來越濃的黑暗。而我們不停地遊走其中，想到陽光之下。於塔上，遠望四周，一望無際的大小塔林，從近至遠，

▲ 阿難陀寺（Gerd Eichmann CC BY-SA 3.0）

▶ 瑞山陀佛塔（Jasonepink. CC BY 2.0）

難以想像這是人間俗跡還是佛國聖景。由此感受到人之偉大，同時，又由此感受到人之渺小。偉大因為偉大的創造，而與被創造物相比，創造物自己又是多麼的渺小，從架構到生命的長短。夜之近黑，有老外點起帶來的燈中蠟燭。燭光中，我相信此時，四周定是眾佛眾菩薩羅列，而群魔群鬼也定當出來亂舞。因為，誰肯放棄如此江山？是古代帝王嗎？是古代百姓嗎？都未曾有過。只是被江山放棄了，沮喪地無奈地絕望地離開，走上屬於自己的不歸路。我於其時，期待著誰之到來，於無形於有形，與我進行亙古到今的對話。是否對上，於今來說，已不重要了。

回到住地後，發覺腳底發癢，才記起赤腳走了一天。這裡的寺院或塔禁止穿鞋與襪，一會兒寺一會兒塔，如何能一會兒脫鞋一會兒穿襪？所以，索性就赤腳了。雖腳底發癢，卻有點捨不得去洗掉，要知道，腳下沾著的可都是千年的寺與塔之塵，或許千年前，哪位高僧同樣沾過呢，赤腳行走的時候，我想到：什麼是幸福？不少人穿名牌皮鞋為幸福，而此時，有什麼比赤腳幸福呢？赤腳踏在千年的古磚上，感覺有神秘的力量透過全身，而皮鞋只會給你悶熱與臭汗。當地人選擇赤腳。你說他們窮，但他們說不窮，有千萬的寶塔和寶塔的精神，他們感到自豪、驕傲、富有。你說，這麼好的塔寺，應大力開發，宣傳給世界，讓人們統統來。他們說，知足了，夠了，自己擁有寶物，又何須別人知道呢？更無須向他人炫耀啊，自己開心就好。是啊，確有百億的富豪，過著平平凡凡的日子。

在住地用晚餐，明顯的，服務員對我特別關照，我想，當然是因為我為僧人。但當與之聊幾句後，我發現，這不是原因。原來，他們對我特友好是因為，日本人只點日本菜，歐洲人只點歐洲菜，只有我，中國人，特地要點緬甸菜，說喜歡本地菜，他們因此高興。而我的想法是，中國人有的是機會天天

吃中國菜，到這裡，吃些本地調料做的素食，不是很好嗎？正用餐時，突然停電了，聽說這經常發生，有些人不高興，這時，蠟燭點起來了，哇，更有氣氛嘛，老外們又高興起來了。夜靜得很，只有房木的收縮與膨脹聲，人踩地板的聲。

夜半，我在想，托佛教之福，有幸於千寺萬塔叢中棲息一宿，何等福氣，也許正因為這一宿，與眾佛眾菩薩結上了更深的佛緣。只是，哪怕明天我要遠離，我還是沒有弄明白兩點，第一點是：這千萬寺塔的茂盛長出，到底是帝王之力還是僧侶之力？是政治之力還是宗教之力？只是，舊皇宮舊王城皆成廢墟了，只有佛寺佛塔依然屹立，今天，還有人在維修著。第二點是，於此二千五百年的千寺萬塔中，為什麼還有人於生命中可能僅有這麼一兩個夜裡在此，卻還要到某些場合聽頹廢的末世的靡靡之音呢？難道他們聽不到奇妙的窗外樹的聲音、磚的聲音、寺的聲音、塔的聲音以及穿梭遊走的種種神秘之物的聲音！

夜深了，一直難以成眠，便起來，寫下以上這些有關二〇〇八年八月二十日的文字。今夜，如不用這收魂之筆，落下一些勾魂的文字，那樣，恐怕靈與魂便要脫離了，魂便將遊走於千寺萬塔之中，沒法回頭而留在那兒了，或許，他將去觀月出，當我們把日落觀過之後。

【佛教是東方文明的特質】

西方文明以基督教文明為主體。其顯著標誌，也是西方聊以自豪的，就是博愛、民主、自由、平等、人權。在這文明的旗幟下，五百多年來，從英國到美國，西方不斷凌駕東方之上，一度統治了大半個東方，至今，還在對東方指手畫腳。

這就讓人感到奇怪，以西方當時那麼幾個國家，那麼一些人口，怎麼就可以那麼輕而易舉地征服東方的那麼大土地與那麼多人群？這說明，基督教文明確有許多獨到的順天應人之處！但是，基督教文明是否就是這個世界最優秀的文明？

基督教文明之外，在這地球上，還有許多著名文明，如：中國的儒教文明、印度的婆羅門教文明、中東的伊斯蘭教文明，以及中國與印度的佛教文明。關於佛教文明，可說是東方文明的主體。

東方文明的國家主要以中國與印度為代表。

而在同時期，孔子等在中國創生了儒家，稍早，老子等創生了道家。

印度佛教進入中國後，與中國儒家及道家等傳統文明融合、互動、取長、補短，經改革、創新、豐富、發展，產生了新佛教——中國佛教。

中國佛教不僅尊重與保存了印度文明的優秀成分，又融匯了中國傳統文明的精華，成為印度文明與中國文明有機結合的升級版。而後，這升級版又流布於東亞、東南亞，甚至南亞。今天，還不斷西漸……

因此，中國佛教堪為東方文明的代表。

有人質疑，佛教文明潤澤的東方，為什麼今天都是這麼落後？難道這種文明不適宜於社會的發展？甚至有人認為，五百年來，東方屈服於西方，似乎就是佛教文明劣於基督教文明的鐵證。

可是，質疑者忽略了一點，歷史是長遠的，不是短暫的。五百多年，在人類歷史中只是一瞬，在佛教與基督教文明史中，也只是一小段，而非全部。

如果，我們看二千五百年來的歷史，或者說，五百年前的歷史，那時的東方與西方，我們就會發現：當時，中華帝國的艦隊跨入了深藍之海，馳向了重洋；中華帝國的商隊，從絲綢之路邁向了萬邦。恩威並重之下，中華帝國，天下來朝。而當時的英國，尤其是美國，還處在疾病、落後、未開化與野莽之中。

▶明代張路《老子騎牛圖》

在那中華帝國如日中天的時代，如唐、宋、元、明的一千多年間，正是中國佛教文明最鼎盛的時代。或者說，在中國佛教最興旺的時期，正是中華帝國最強盛的時期。我想，我們不該說：中國佛教的興起與中華帝國的邁向輝煌，僅僅是一種巧合，正如，我們不該說：新基督教興起與西方邁向強大只是巧合一樣。

中國佛教的興起與新基督教的興起，很有許多共通之處：都是改革與創新的產物。古老的基督教後來分裂成天主教與東正教，由於兩派之異見，甚至導致了第四次十字軍東征時雙方的交戰。而現在的基督教，則是十六世紀至十七世紀時馬丁．路德（Martin-Luther）發起了宗教改革運動，由天主教中分裂出來，曰之新教。

而古老的印度佛教，後來和平分裂成上座部與大眾部。這大眾部傳播到中國，形成早期的印度式中國佛教。而今天的中國佛教，就是印度式中國佛教吸收中國儒家與道家營養後孕生的產物，是對舊有的改革與創新。這和諧現象，史稱「三教融合」。

中國佛教既是東方的文明，又是大中華地區的文明。其精神核心或特質，我的總結是：慈悲、包容、自省、懺悔、和合與非暴力。這裡，包容是慈悲的延伸，懺悔是自省的落實，非暴力是和合的體現。慈悲是大慈天下樂，大悲天下苦。自省是內省與反思。和合是和順、和平、和諧是合作、共榮、共生。

文明是存在的，是動態的，人也是存在的，也是動態的。文明既進化著人，同時又被人所掌控，文明可能促進社會的發展繁榮，人也可能抑制文明的前進腳步。中國佛教加速推進了中華帝國車輪上千年飛轉的速度，基督教文明為英國、美國等西方帝國的東征艦船添油助力。

進入中國歷史之清朝以遊牧民族的大刀劍戟，戰勝了農耕民族的扁擔與犁，同時摧毀或者說打壓了中華的傳統文明，包括中國特色的新佛教。

隨著西方的槍炮，基督教也一路高歌

►宗教改革運動中馬丁．路得燒毀天主教會販售的贖罪券

猛進。歷史被改寫了，從東方升起的太陽，終於從西方落下去了。中國入睡了。

三十年前，中國佛教又迎來了新生。今天，中國佛教又一次得到了成長，中華民族又有了生機，中國又贏回一次難得的復興機遇。我們祈願，本無優劣之分的中國佛教與基督教文明等，多加對話，能夠合力——助陣中華民族的復興，造福中國百姓的福祉。

【青海塔爾寺的臺階及閘欄】

登上臺階，越過門欄，進入殿堂，黃色的袈裟輝映著彩色的經幡，飄拂在青海塔爾寺潔淨的風中。

命運使然，興趣使然，信仰使然，或者說，使命使然，一路走來，我一直在朝聖的路上。

天，或晴或陰；地，或平或嶇；前路，或明或暗；曾經，或愉悅或酸辛，腳步，自以為始終堅定，沒有稍停。

日前，過沙漠，逾戈壁，穿越那蒼茫的動感長空，挾著那萬里奔馳的流雲，我與我們的同仁來到了這裡。

到達之前的路上，我在想，這是個多麼神聖的地

▶青海塔爾寺（Blofeld of SPECTRE CC BY-SA 3.0）

方，否則何以能夠孕育出宗喀巴大師這樣的聖者。他是藏傳佛教達賴活佛系統與班禪活佛系統的孕育者，在雪域高原，在只要褐紅色袈裟飄拂的地方，人們都恭敬地尊稱他為第二釋迦。而這塔爾寺的所在地，就是他出生的地方。曾經，宗喀巴大師遠離故鄉，尋找生命的光環，他到達了西藏。他母親思兒，兒子回信對母親說：「您在家鄉建座寺吧，見寺如見兒。」於是有了塔爾寺。於是它就成了獨具政教合一特質的格魯派的至聖之地。宗喀巴大師駐錫過，達賴活佛與班禪活佛駐錫過，駐錫過的活佛一代又一代。於是，那裡成了人稱聖地聖寺聖僧聖跡等等集於一身的眾佛之所。

▶宗喀巴畫像（藏於紐約魯賓藝術博物館）

一花一世界，一葉一如來。
菩提處處載，處處蓮花開。

走到至聖之地，身雖未百拜，心卻已千伏，那一步一個臺階，就如身心歷練的每個階段。那每進一殿堂，每跨一門欄，就如靈魂的每次出入與起伏。在那每一門欄處，境界又得到了一次的提升。於殿內，那每一次的佛前合掌與佛後的放掌，就如生命的最後一

首歌，在天堂一唱，在地獄亦一唱。在那古老的印經院，我在想，哪怕這世界只剩下網路，那麼，在網路上也應有三個字：印經院。於是，這也促使我不厭其煩地寫寫寫。包括此刻，寫下我生命與靈魂同進階的這一章。

走過山，走過水，走過村，走過莊。只要生命不落幕，前路就沒有句號，就沒有理由左顧右盼或走得彷徨。我對人的生命有了足夠的敬畏，但對動物，雖有理義上的敬重，但現實中，卻少了些真實的深入的理解。此次，我之前往，給我大大上了一課。曾經，只聽說只見到什麼偉人乃至聖人的屍身或舍利被人保存，留作榜樣，供作瞻仰，啟示來者。這就如六祖慧能、慈航菩薩的舍利。而在這裡，牛、羊、馬等等被人類稱作低級的動物，亦被製成不易腐壞的肉身，供於聖地，於聖殿中佔有一席之地！這是一種對生命，無論何種，多麼平等的敬重，多麼平等的珍視，令我驚歎！而這就發生在一般人認為是多麼貧窮落後的地方。

此次前往，與我等同行的還有一些其他行業人員，他們也是敬敬畏畏、畢恭畢敬地禮敬諸佛，參禮聖跡。這也在側面地告知我們，人的職業黨派階層種族甚至性別等等可以不同，但信仰的內容，只要是向上的，就本質一同，沒有差異，這也在提醒我們，不應對某些階層職業黨派種族甚至性別的人存有某些偏見，那樣，將會以一葉蔽眼前的千里河山、萬里雲天。

回來的路上，我在想，聖地有成聖地的理由；聖人有成聖人的理由，但這理由，是在於聖地聖人，還是在於聖地聖人之外？對此，我尚沒有答案。可是，為什麼要有答案呢？難道，有事實本身，這樣還不夠嗎？

【信仰者的墓誌銘】

信仰，沒有墳墓。

但信仰者，有墓誌銘。

冬天就要過去了，春天就要來臨。

清晨，攜香攜花，我們去到了那裡——埋有小人與君子，葬有平凡者與英雄的墓地。

在墓碑林中，我們緩慢著腳步，因為擔心著驚醒了安眠中的你。

我們尋找著，尋找著你的墓誌銘。

光陰匆匆而過，我們卻一無所獲，既未見你的墓，也未見相關你的碑。這時，我們才想起，你曾經說過：「生不帶來，死不帶去，明月清風，何勞尋

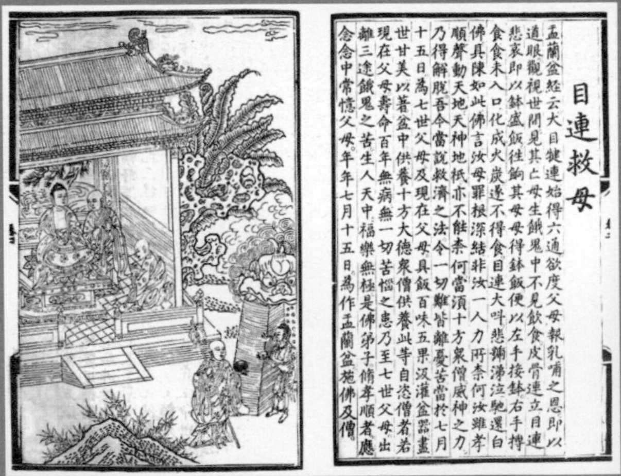

目連救母

盂蘭盆經云大目犍連始得六通欲度父母報乳哺之恩即以道眼觀視世間見其亡母生餓鬼中不見飲食皮骨連立目連悲哀即以鉢盛飯往餉其母母得鉢飯便以左手接鉢右手搏食食未入口化成火炭遂不得食目連大叫悲號涕泣馳還白佛具陳如此佛言汝母罪根深結非汝一人力所奈何汝雖孝順聲動天地天神地祇亦不能奈何當須十方眾僧威神之力乃得解脫吾今當說救濟之法令一切難皆離憂苦當於七月十五日為七世父母及現在父母具飯百味五果汲灌盆器盡世甘美以著盆中供養十方大德眾僧供養此等自恣僧者若現在父母壽命百年無病無一切苦惱之患乃至七世父母出離三途餓鬼之苦生人天中福樂無極是佛弟子脩孝順者應念念中常憶父母年年七月十五日為作盂蘭盆施佛及僧

◀目連救母

覓？」所以，你交待：燭炬成灰，光留世界，山河大地是其去所。因此，你的繼承者們，把那一把燭灰交付給了山河大地，明月清風。

走在回歸的路上，想到你的一生，孤燕與獨鶩齊飛，碧海與藍天一色，青青翠竹，鬱鬱黃花。如果要為你鐫刻上墓誌銘，一定就是那八個字：慈悲、包容、擔當、奉獻。我想，這也是所有信仰者生前該有的品質與身後應有的墓誌銘——

▲德蕾莎修女（Manfredo Ferrari CC BY-SA 4.0）

曾經，佛陀首席弟子目犍連，不僅救母倒懸，孝心感人，而且為法獻身。因為目犍連的弘法志堅，道法高明，許多外道亦被折伏。為此，遭到頑固裸形外道妒恨，便於某次，從山上推下亂石，把目犍連砸死，他成了佛教史上第一位殉教者。

而印度的聖雄甘地，他為了追求全民的平等與自由，從佛陀的真理中吸取營養，苦難自己，以超凡的勇氣與韌勁，同壓迫者進行艱苦卓絕的非暴力抗爭，終於花開見佛，民族獨立，如其所願。

而德蕾莎修女的故事也是如此。一九四七年，印巴關係動盪，數萬難民湧入加爾各答。很不幸，霍亂與痲瘋病也爆發於此。加爾各答成了人間地獄與死城。修女德蕾莎不畏危險與艱難，創博濟會，深入災難之地，施以援手！幫助死亡線上的貧窮百姓。她一生致力慈善，於一九七五年，榮獲諾貝爾和平獎。

【慧能禪師的創新】

六祖慧能禪師是中國禪的始祖。

他是個傳奇的人物：目不識丁，卻說出了劃時代的《六祖壇經》；以俗人身份成為了禪宗六祖；圓寂後肉身不壞，成為金剛舍利；一生致力於印度式禪法中國化的創新，且開天闢地，大獲成效！

印度式禪法不等於佛陀禪法。在佛陀時代，佛陀拈花，迦葉微笑。於此，禪法是以心傳心、以心印心，不立文字、明心見性，從無形到無形，從頓悟到頓悟……隨著佛陀涅槃，弟子們口口相傳，形形相仿，便越來越失去真傳，脫離本色，越來越拘泥於肉體與形式。於是，禪法變得越來越「僵化」、「古板」，過度注重呼吸、盤腿、經行、壁觀等，形成我所稱的印度式禪法，甚至衍變為極端的瑜伽，越來越不適應後人根機，造成頓悟者越來越少。為什麼後代許多學人僅僅為了修死後的未來、修往生西方極樂世界、修成自覺覺他覺行圓滿的佛！從這就有因可尋。如何回歸佛陀禪法的本源，在這方面，六祖慧能可謂立

◀南宋梁楷《六祖砍竹圖》（藏於東京國立博物館）

了大功，他對印度式禪法進行了大刀闊斧的創新，當然，這是在初祖到五祖的禪法逐漸本土化基礎上進行的。

慧能禪師致力於印度式禪法中國化的創新，個人對其理解如下：

一、關注關切心靈的修煉，而非肉體的。

這是做心性的文章，而非身體。

《壇經》云：「不識本心，學法無益。若識自本心，見自本性，即名丈夫、天人師、佛。」、「菩提自性，本來清淨，但用此心，直了成佛！」、「萬法盡在自心，何不從自心中頓見真如本性？」、「口念心不行，如幻如化，如露如電：口念心行，則心口相應。」

又曰：

心平何勞持戒，行直何用修禪。恩則孝養父母，義則上下相憐。
讓則尊卑和睦，忍則眾惡無喧。若能鑽木出火，淤泥定生紅蓮。
苦口的是良藥，逆耳必是忠言。改過必生智慧，護短心內非賢。
日用常行饒益，成道非由施錢。菩提只向心覓，何勞向外求玄。

聽說依此修行，西方只在目前。

在這裡，佛性、人性、本心是一體的，是我們修煉的根本。

二、關注關切無形的修煉，而非形式的。

強調把握本質，而非形象。

《金剛經》說：「無我相，無人相，無眾生相，無壽者相。」

《壇經》曰：「生來坐不臥，死去臥不坐，元是臭骨頭，何為立功課。」、「心念不起，名為坐，內見自性不動，名為禪。」、「外離相為禪，內不亂為定。」

慧能禪師的同修永嘉禪師就說：「行亦禪，坐亦禪，行住坐臥體安然。」

禪門「磨磚作鏡」公案，體現的也是這種精神：馬祖禪師枯坐，南嶽懷讓禪師問之幹嘛？回覆說坐禪。懷讓便磨磚，馬祖問之幹嘛？回覆說作鏡！馬祖說：磨磚豈可作鏡！懷讓答：枯坐豈能成佛！

▶南嶽衡山磨鏡臺

五祖弘忍禪師告誡六祖：「衣為爭端，止汝勿傳。」法無定法，禪法亦是如此。

三、關注關切頓悟，而非漸修的。

《壇經》：「本來正教，無有頓漸，人性自有利鈍。迷人漸修，悟人頓契。」人生短暫，居於苦海。修煉要速效高效，慢不得緩不得。

神秀禪師與慧能禪師的漸悟與頓悟偈最能說明此：

神秀：「身似菩提樹，心如明鏡台，時時勤拂拭，莫使惹塵埃。」

慧能：「菩提本無樹，明鏡亦非台，本來無一物，何處惹塵埃。」

是呀！人有佛性，佛性就是光明。俗話不是有說嗎？放下屠刀，立地成佛。

四、關注關切當下的修煉，而非未來的。

《金剛經》強調，過去心不可得，現在心不可得，未來心不可得。

佛教還認為，過去的過去，現在的現在，未來的未來。

《壇經》曰：「何其自性，本自清淨。何其自性，本不生滅。何其自性，本自具足。何其自性，本無動搖。何其自性，能生萬法。」、「思量即不中用，見性之人，言下須見。」

真心是道場，直心是道場，平常心是道場。

為此，駐心當下，解決當下，活在當下，回到本來面目，才最重要。一萬年太久，只爭當下的朝夕。

五、關注關切人間的修煉，而非天堂的。

《壇經》云：「佛法在世間，不離世間覺，離世覓菩提，恰如求兔角。」

又曰：「隨其心淨，即佛土淨」、「常行十善，天堂便至」、「若懷不善之心，念佛往生難到」、「迷人念佛，求生於彼，悟人自淨其心」。

佛陀生於人間，弘法人間，涅槃於人間。

積善人間，自感得人間淨土。積善人間，自然積累了人間的功德，也就自然有了提升自己到身後天堂的資糧。未來淨土只是人間淨土的水到渠成。

六、關注關切人的修煉，而非佛的。

太虛大師說：「仰止唯佛陀，完成在人格。人成即佛成，是名真現實。」

《壇經》曰：「自性迷即是眾生，自性覺即是佛」、「前念迷即凡夫，後念悟即佛」、「不悟，即佛是眾生，一念悟時，眾生是佛」。

強調人佛平等。強調先做好人，再修成佛。修成純淨的人，息滅了貪嗔癡慢疑等，便是佛了。不能紙上談兵空學佛，做個好人都做不明白。佛陀以一大因緣出現於世，其中一大因緣便是以人為本。

慧能禪師對印度式禪法的創新，令禪法回到了佛陀的本源。加上慧能吸收中國傳統文化的精華，兼顧中華民族的個性，把佛國拉與人間相近，把人拉與佛相親，把未來拉與當下相鄰，把漸修之慢途拉到頓修之捷徑，化形式的窒礙為無形的圓融，變肉體的執著為心靈的自由。如此一來，便使印度式禪法完全中國化，更為本土化、人間化、大眾化、社會化、生活化。從此，佛門之禪不再是一些專業人士的事。中國人終於擁有了自己的佛教，終於有了自己的文化自豪與自信。直至今天，中國佛教特質在禪，是禪宗的天下，其文化精華無孔不入地沁入中國人民與中華文明的血液與靈魂，得到世世代代的崇仰與認同。

為此，慧能禪師堪稱佛門創新家，他的探索創新精神，激勵著一代又一代如百丈懷海禪師等那樣的佛門精英，效法前行。

【教育與懲罰】

大慈天下樂，大悲天下苦。

有時，教育為了拯救；有時，懲罰也為了拯救。

從佛陀的立場，懲罰無益，也未免太遲，最好的方法是教育。也因此，有人認為佛教是教育的宗教。

以教育代替懲罰，這基於慈悲的原則。

佛教強調：反求諸己。

在佛教看來，眾生還在造業於惡，自有其因，也與我們教育不夠有關。首先，作為教育者，我們要反省自己，我們盡職盡責盡心盡力了沒有。

關於教育，佛教有許多公案，曾經，那先比丘與彌蘭陀王有一段對話。

彌蘭陀王：僧侶慈悲為懷，難道該原諒仇敵嗎？

那先比丘：大王，如果您腿上長膿包，你會砍掉腿嗎？

彌蘭陀王：不會。

那先比丘：那麼，您會怎麼辦？

彌蘭陀王：我會細心清洗、敷藥，久之，膿包就好了。

為此，那先比丘給予開示：是的，壞人、敵人就如膿包，不去醫療，就會惡化。必須用淨水清洗，使其棄邪歸正、棄惡從善、悔過自新、改過自新，這與大王腿上的膿包同理。

據說：有個小偷闖入某地的佐欽寺，偷走了佛像頸上的掛珠。一位老僧進門，剛好撞上欲奪路而逃的小偷，他認出了小偷——一個居於附近的小青年。老僧的小徒弟發現佛珠被偷，要徹查追究，老僧阻止說：不要了吧，小偷需要的是祈禱，而不是懲罰。

在我看來，教育多是出於慈悲，而懲罰多是出於嗔恨。佛陀曾經呵斥過弟子。當時，舍

◀彌蘭陀王問道

利佛與目犍連帶五百弟子來聽經。但他們剛進來時嘰嘰喳喳，幾近喧嘩著。於是，佛陀就呵斥他們：「出去，出去。」但佛陀是以慈悲的聲音，而非嗔恨的聲調。

有人會說，如果只是一味教育，而無懲罰，壞人豈會立地成佛。其實，無需為此擔憂。因為因果本身就是懲罰，只是不該不應也不須不必假我等之手而已，作惡之人自會種下被懲罰之因，因緣成熟，自然果結，獲得不吉祥的果報，這不是誰給他的懲罰，更非佛給他的懲罰，而是他自己。

總之，為人處世要慈悲，勿嗔恨；要教育，勿懲罰。

近日，出差返寺。聞說，有一不爭氣小偷，到某寺不予而取，被保安當場抓獲，竟激烈反抗，想逃脫，便被當場體罰。為此，寫下此短文。

【佛教的養生之道】

信仰何所求，無非是為了：

一、身體的調和。

二、心靈的康健。

三、精神的純淨。

四、靈性的提升。

也就是為了養心與養生。這些，事關無法回避的現在與必將面對的終極未來！

在佛教，看問題是綜合著看，立體著看，全面著看！身、心、精神、靈性，既是單一體，又是統一體。四者之中，互相促進，相互影響。

◀藥師七佛

身體的調和，除了自身的基本調和之外，一定是基於心靈的康健、精神的純淨與靈性的提升。

這裡，我只談身體的基本調和之道，並且是總結三位高僧與三位大德的經驗作出的。

福建省有位妙智長老，專修消災延壽藥師佛法門，二〇〇三年去世，世壽一百零六歲，數年後開缸，成就肉身舍利。本人有幸為之安座。他一百零五歲時，還赴六省朝聖。他宣導：

一、三勤：腦勤、手勤、腳勤。

二、三靜：靜心、靜氣、靜行。

三、三淡：看淡權力、看淡金錢、淡忘年齡。

四、三樂：樂於助人、知足常樂、自得其樂。

虛雲大師是近現代最傳奇的僧人，他自撰聯曰：「坐閱五帝四朝，不覺滄桑幾度。受盡九磨十難，了知世事無常。」

虛雲大師承襲禪門五宗法脈，為中國佛教協會發起人之一，榮任名譽會長，一九五九年去世，世壽一百二十歲。他宣導：三不足！

其完整的開示如下：

「古人曰：修行有三不足。不足食，不足衣，不足睡。不足食，食取止饑，不宜過飽，更不能求美味。不足衣，衣取禦寒，宜服糞掃衣，更不能貪求美備。不足睡，睡取調倦，不宜久睡。蓋久眠長愚癡，多衣增掛慮，過飽不便用功！」

本煥長老，二〇一二年去世，世壽一百零六歲！生前任中國佛教協會名譽會長。長老強調：「要想身體好，頓頓八分飽」，「粗茶淡飯有益健康，大葷大肉有損壽命」。別有特色的是長老的規律生活作息。他說：「我早晨四點十八分起床，中午十二點休息，午後一點四十八分起床，晚上九點睡覺，這就是一天的生活，堅持幾十年了。」

趙樸初，原中國佛教協會會長，著名佛學家。二〇〇〇年離世，享年九十三歲。九十二歲時，趙樸初寫了篇《寬心謠》曰：「日出東海落西山，愁也一天，喜也一天；遇事不鑽牛角尖，身也舒坦，心也舒坦；每月領取養老錢，多也喜歡，少也喜歡；少葷多素日三餐，粗也香甜，細也香甜；新舊衣服不挑揀，好也禦寒，賴也禦寒；常與知己聊聊天，古也談談，今也談談；內孫外孫同樣看，兒也心歡，女也心歡；全家老少互慰勉，貧也相安，富也相安；早晚操勞勤鍛煉，忙也樂觀，閑也樂觀；心寬體健養天年，不是神仙，勝似神仙。」

趙樸初還信奉一條：「身體不求無病，無病則驕奢淫逸；做事不求無難，無難則以為世事易成。」這是妙葉禪師《寶王三昧論》上的觀點。所以，他曾詩曰：「十年同渡風波惡，夢裡尋甘病得閒。」以此描述那十年的困難時期。前人說：「沉舟側畔千帆過，病樹前頭萬木春。」就與此意暗合。

南懷瑾，二〇一二年去世，享年九十五歲，中國傳統文化巨匠，禪學大師。他的養生之道，以他的話來說：

一、微薄清淡，少吃多餐。

二、白天正午時要睡，夜晚正子時要睡。

三、心裡要安定，心定則氣順，氣順則血暢，血暢則病消。

四、所謂吃素、吃齋，就是齋心、素心。

五、忘掉身體，忘掉自己，忘掉壽命，忘記時空，越刻意求壽，越把身體搞糟。

梁漱溟，一九八八年去世，享年九十五歲，為佛學大師。自言前生是和尚。他的延生秘訣則是：

一、少吃多動。
二、無我為大，有本不窮。
三、情貴淡，氣貴和。
有位何止米撰文，解析僧人高壽十秘，謂之：
一、慈悲為懷——以善立世的人生理念。
二、素食文化——低熱量的清淡飲食。
三、禪茶一味——清火降脂的益壽飲品。
四、農禪並舉——一張一弛的禪院生活。
五、晨鐘暮鼓——有規律的作息制度。
六、六和共住——和諧的生活圈子。
七、深山古寺——優良的居住環境。
八、人天師表——受人尊重的高尚職業。
九、心無掛礙——與世無爭的空靈心性。
十、習書作畫——養神靜氣的業餘愛好。

我想，何文所析，不無道理。

佛教的養生之道，就如佛教的法門，八萬四千也，豈此短文可以敘完。在此，我要寫的最末一句，便是：我們應記住——諸佛之中，有尊消災延壽藥師佛。健康欠佳時，念念吧！健康時，不妨也念念吧。

【三界無怙　惟戒可持】

沒有規矩，不成方圓。

大家皆這麼說。可見規則之重要。規則，中國歷史上不缺，西方歷史上更不乏。但遵守得如何，無論東西方，就都要另當別論了。

在佛教，特別強調規則的重要性。經律論被稱為佛法三藏，其中，律藏便是佛教規則的彙編。佛陀即將滅度的時候，其弟子們哭著請示佛陀：「佛陀在世時，我們以佛陀為師，佛陀滅度後，我們以何為師啊？」佛陀回答：「以戒為師。」

戒，便是佛教的規則。但戒是供人堅守與堅持的，否則只是條文，便無意義。知戒破戒則是更糟，有人比喻為自毀長城，真不為過。

關於規則，除了它本身的規範意義外，它也是倫理道德的象徵與外化。國之規則意謂著國之倫理道德，宗教之規則意謂著宗教之道德倫理。規則產生，經實踐考驗，經久不衰，便成為大多數人的共同意願，便成倫理道德。

這個世界，各人根機不同，見解不同，欲求不同。因此，是強烈需要規則的。契約起碼使社會有章可循。沒有規則的社會，就沒有共遵的價值觀，那麼，如何凝聚共識？如何凝聚力量？沒有規則，人與人之間就不會有和諧、和平，也不可能有穩定與發展。

規則看起來是束縛了人，但實際上，是幫助與拯救了人。如果沒有規則，首先，人與人

間的鬥爭、傾軋、混戰等，早就把人類給滅絕了。

有人認為，別人不守規則，而自己守了，這就虧了。其實，自覺遵守規則，既是利人亦是利己，既是施恩也是報恩。在佛教，這就是菩薩行精神。

規則是公共的規則，是公眾織就的網。有人會認為，自己能量很大，可以突破規則，那是可憂的。有交警告訴我，發生車禍的，甚至死人的，多是經常違反交通規則的司機，他說這一比例很高，可見不守規則的潛在危險性是很大的。而相反，有兩個事例就能說明另一道理。

在民國期間，四川廣漢川陝公路，劫匪橫行。由於亂搶，人不敢通過，商家更是如此。這樣一來，劫匪日子越來越難過。因為水無源了。後來，劫匪們通過內部協調，達成共識，想出了個辦法，即制定規則，不盜不搶，只收少量保護費。分車大小，分物多少，酌情而收。分路段，由不同劫匪負責。凡收費後，要開具收據。一旦被收費，便不再二次收取，而且一路上，不管於何路段，皆受統一保護。從此，川陝公路客人越來越多，且名聲在外，有些大客商擔心其他道路通行不安全，紛紛選擇走川陝路，於是，劫匪的生意便興隆發達！

當年，佛陀弟子優婆離持戒第一，僧團或社會上有糾紛，他常常奉佛慈命，秉公決斷，以規則解決糾紛。因為優婆離持戒第一，本身無懈可擊，許多自知理虧者，不等優婆離到來解決，便走為上策，不敢相爭，化爭端為玉帛。

這就是自覺守持規則的人格力量，這就是規則的力量。

雖然，許多人都知道，規則面前，他們可能有所損失或不便，但他們也會思考與權衡，如果沒有了規則會怎樣！因此，在規則面前，大多數人是心服口服的。

但規則畢竟是人制定，因此，不可能在規則面前人人平等。伏爾泰也罷，孟德斯鳩也罷，雖然，他們鼓吹規則面前人人平等，但怎麼可能？人畢竟是人，無法完全絕對地認識契合社會的規律，為此，如何能夠制定出絕對符合人性的律法？律法本身就不平等，那麼，何來律法面前人人平等？我們追求的平等，只是相對的、趨近的而已。

儘管如此，規則有它的一些缺陷與不足。但規則，至今為止，還是這個社會人與人間最好的協調器與黏合劑。規則極大地催生了社會的正能量，是我們幸福、平安、繁榮、吉順的真正基礎與根本、保障與依靠。

為此，佛陀才說：三界無怙，惟戒可持啊。

◀孟德斯鳩畫像（藏於凡爾賽宮）

【回頭是岸】

中國寺院，山門牌樓背面多有四字：回頭是岸。

此所謂：放下屠刀，立地成佛；浪子回頭金不換。

浪子回頭，動力在哪？

我想，好人好自己，壞人壞自己；善有善報，惡有惡報，不是不報，因緣未到；還有就是：回頭有岸。

於是，浪子們一波接一波地自覺著、自願著或不自覺地、被迫地回頭。

許多浪子也想回頭，但他們擔憂：回頭了沒有岸，或不是岸。或是岸好遠好遠。擔心：回頭等於絕望，就是死亡。

回頭有岸，回頭是岸的道理在哪？

佛教說：作惡之人，臨命終時，虔心懺悔，心生善念，一心念佛，就有往生淨土的可能。對此，印度彌蘭陀王給予質疑。為此，那先比丘給予釋疑。

那先比丘：一小塊石頭置水上，是沉是浮？

彌蘭陀王：沉到水底。

比丘：把大石放在船上呢？

王：不會沉的。

比丘：這船就是佛教，這石頭就是邪惡。

王：善哉善哉。

歷史上回頭是岸的例子很多，比如：

西漢有個叫曹丘生的，這個人早年品行不端，被人唾棄。後來，他省悟了，想改正自己，但又擔心人家不相信他，用老眼光看他。這時，他想到一個人，即一諾千金的河東太守季布。他找到季布說：「我想改過自新，但又擔心人們不會信任我。聽人說『得黃金千斤，不如得季布一諾』，才來找你的，請你今後觀察我的行動，為我正個名吧！」季布見他態度誠懇，就答應了。

從此，曹丘生改過自新，成為一代名士。

而不肯回頭，或錯過機會，而導致報應到來的事例，也數不勝數。

▲銀幣上的彌蘭陀王

悍匪張子強，在華人界，於一段時間，人盡皆知。他綁架了李嘉誠的大兒子李澤鉅，再綁郭炳湘。竟然皆得成功。他如果肯回頭，就有岸。他綁架李家公子，索得十億多港元後，曾與華人首富李嘉誠有個對話。

張子強問李嘉誠：我這樣做，你們李家恨不恨我？

李嘉誠：我一直教育孩子，要有獅子的力量，菩薩的心腸，以獅子力量奮鬥，以菩薩心腸待人。

李嘉誠：有句話不知當講不當講，你今天有了這筆錢，不知做何應用。我給你個建議，你可以用之購買我們公司的股票，或投資第三國，乃至存在銀行，這樣，你這一生便衣食無憂了。

張子強：呵呵。

傑出商人有傑出商人的思維，而悍匪有的就是悍匪的思路。張子強得此鉅款的其中很大一部分後，沒有如李嘉誠的含蓄勸誡那樣：回頭。而是先去賭，賭輸了再綁人，以致最後落入法網，被處極刑。

回頭是岸，看似老話，但是它要提醒的正是我們每一個人的今天啊。

【修身貴慎獨】

近讀儒書。

《禮記・大學》謂：君子必慎其獨也。

《禮記・中庸》曰：君子慎其獨也。

確實，慎獨事關君子的修身品行與操守。對我們佛家而言，也是同樣。佛家僧侶講究團體生活與修行，以便互相學習，互相勉勵，互相監督，互相促進，以至互相進步。但許多時候，我們是獨居獨處的，這時就需要自知，自明，自律，自覺。

不慎其獨，看似事小，但茲事大也。

古人常說：千里長堤，潰於蟻穴；差之毫釐，謬之千里。

事實也是如此。

大家知道，外文有個詞 Domino effect，也就是多米諾骨牌效應，該效應說明，在一個因緣（也就是聯繫）的系統中，一個微小的初始能量，就足於產生一連串的連鎖反應。比

如馬蹄鐵效應。該效應說：丟失一個釘子，壞了一隻蹄鐵；壞了一隻蹄鐵，折了一匹戰馬；折了一匹戰馬，傷了一位騎士；傷了一位騎士，輸了一場戰鬥；輸了一場戰鬥，亡了一個帝國。蝴蝶效應也是這個道理：一隻蝴蝶在巴西輕拍翅膀，就導致一個月後的美國德克薩斯州產生一股強大龍捲風。

這些說明，一個不利的微小機制，不予克服修正，足以釀成大禍。一艘大船發現了一條小縫，你不填，就會沉沒；一架飛機發現了一個小洞，你不補，就會墜毀。

佛家有句話：「須彌納芥子。」須彌山那麼大，如何納入芥子中？但的確能。又說：「於一毫端現寶王剎，坐微塵裡轉大法輪。」一毫端如何現寶王剎？坐微塵裡如何轉大法輪？但的確會。可見，大與小是會轉化的。這就警醒我們，確實，我們不應該以惡小而為之，而要謹小慎微。尤其在獨自的時候！

有人也許會以為，既然獨處，別說所為惡小，即便惡大，也是無人知曉啊，更不會傷害到自身啊。這是一種佛家所謂的斷見，他片面地看待世界，犯了一葉障目不見泰山的過失。因為世界是立體的，是因果的。昨天作的，今天受；今天作的，明天受；明天作的，後天受。即便不是佛教徒的美國哲學家與心理學家威廉•詹姆士（William James）也說：「播下一個行動，收穫一種習慣；播下一種習慣，收穫一種性格；播下一種性格，收穫一種命運。」

再說，也未必為惡雖小便無人知曉呀。

在這點上，後漢的荊州刺史楊震就說得很透徹。有次，昌邑縣令王密夜見楊震，贈金十斤。楊震不收。王密說：夜深人靜，沒人知道的。楊震回應：天知，神知，你知，我知，怎麼說沒人知呢！那王密一聽，羞愧而去。

是啊，天知，佛知，你知，我知，怎麼可以說沒人知呢！

為此，我們要如三國的曹植所說的那樣：敬惟慎獨啊！

◀威廉・詹姆士

【以小博大】

於一毫端現寶王剎，坐微塵裡轉大法輪。

佛法如是說。

還說：須彌納芥子。

這就說明：心誠則靈；有佛法就有辦法；以小可以博大。

以小博大，這給了多少人以信心與希望啊！

我曾經邁步泰山，於泰山之下，仰望其高其大，心生絕望與悲涼，我想，以我區區雙腳，如何能夠跨越其上？不料，幾番汗水之後，就站到了泰山之頂，一任山風掀起我的長衫，思緒伴著雲絮飛翔。

以小博大，是需要願力與大行的。

佛教有個故事：森林烈火，一隻小鳥僥倖逃出。一看，其他小鳥未能逃出火海，牠便急飛河上，沾濕羽毛，返身飛回，拍動翅膀，灑下羽上水滴，以期滅火拯救同胞。因其之

▲泰山

誠，感得天帝降雨，終將火滅。據說，拉丁美洲的尼加拉瓜確實有一種救火小鳥。何處火災，這小鳥便成群飛去，從嘴中吐出唾沫，以期滅火，據說，還確有效果！

而精衛填海與愚公移山的典故，說的也是一樣道理。

有如救火小鳥，我是一個小人物，出生小地方；父母是普通的百姓；高僅一米多；曾經愛好文學，但少有文字被列印成鉛字，公開發表；好不容易找到一個教師的職位，卻又在鄉村；招募幹部錄取了，卻又不是自己想從事的工作。於是，我自卑、頹廢，幾近放棄兒時的夢想！

這時，佛陀給了我勇氣與力量。

佛陀告訴我，過去，我不是個小人物，現在，也不是個小人物，未來，更不是個小人物。佛陀說：每個所謂的小人物，都是大人物。因為，生命高貴，眾生平等。

從此，我漸而明白了一些道理：既已出生，就有出生的理由，就有出生的責任與使命。

在那之後，生命歷程中，我遇上了許多的貴人，與他們結下了無法拂逆的深緣，在他們的舉旗與擂鼓之下，我知道了如何向前。

行進之中，我有過苦痛、辛酸，也有過委屈、屈辱，但我願堅忍負重、嘔心瀝血，為了佛陀，為了佛陀的事業，也為了自己。

我原本不是一個博愛的人，但我願做那個悲天憫人的人；我原本不是一個寬恕的人，但我願做那個寬容包容的人；我原本不是一個贖罪的人，但我願做那個懺悔自省的人；我原本不是傳奇，但我願創造奇跡！

因此，我從不敢忘記恩師的教誨，要做一個心靈的導師，要做一個靈性的引者，儘管，我未必有那樣的福報與智慧。

人生中什麼是小，什麼是大。

佛陀說，自利利他，自覺覺他。自利就是小，利他就是大；自覺就是小，覺他就是大。當我有一天，知行合一，立著小的腳跟，邁著大的步子，走在我兒時夢想的路上。那時，我想，我一定就參透了那個以小博大的真諦。

這裡，以南陽慧忠國師與侍者的故事作為小文的結尾：

侍者侍了三十年，國師很感念，想助他提升修行境界。

國師呼：侍者。

侍者應：國師，什麼事啊。

國師：侍者，侍者！

侍者：我在這啊，國師。

國師搖頭，歎氣。國師又呼：佛祖。

侍者茫然：國師，你叫誰啊！

國師大聲呼：佛祖，佛祖。

侍者緊張地問：國師，佛祖在哪呀？

國師無奈，只得開示說：我叫你呢！

侍者莫名其妙：國師，我是你侍者呀，不是佛祖啊！

慧忠國師感慨了，他語重心長地對侍者說：將來，你可不要怪我辜負你，其實，是你辜負我呀。

侍者很有把握地回答：國師，無論如何，我都不會辜負你，你也沒有辜負我呀。

國師默然地自言自語道：可是，你已經辜負了我……

【覺知內心】

在道家，心即道，修心即修道。

那佛家呢？

佛家中，有真心與妄心，有定心與散心。經書說：心為主使，萬法唯心。

作為聖者，聖在其心，而非其身。

因此，作為修心者，我們要看好自心，清淨自心，讓心有個出口，讓心有條出路。

當然，這只是我們的良善願望，現實實踐中，許多人的心是堵塞的，叢生雜草。在那雜草的原始叢林中，心始終迷失著，沒有方向。

對此，我也有過深深的感受。

曾經，一度大火滔天，大火之中，我的內心吶喊著，只有自己傾聽。與其清蒸而爛，不如烤熟而焦。心內的奔襲，一度讓我幾欲逃離，只願從此，自己不與自己攀比，自己不認識自己，自己把自己刺傷，自己拉開自己的距離。許多時候，露映心河，我的仗劍只為將其挑破。

後來的一天，一位聖者再次啟示了我，他來到夢中，面如滿月。他那美豔的經文，就只為我而念，他那奢華的聖境，允諾著我的未來，而且無需我的預支，我在那震顫的呼喚中生猛驚醒，就如那夢中的醒獅閉眼與睡獅睜眼。

從此，我似乎明白了，自己的命運要自己拯救；自己的招喚要自己聽從；自己的眼淚要自己擦乾；自己的道路要自己行走。

雖然，在這之中，我們既是自己的獵物，又是自己的獵手。同為友軍與敵軍的我們，執矛同時又執盾。但無論如何——戰敗的我們被鑄成了勝利者。

自己的心，自己跳動。

自己的容顏，對著自己微笑。

就這樣，我們的心，我的心，通過這一反一覆的打磨，終於，似乎打磨成了一塊明鏡、一盞明燈，照亮了十字路口的黑暗，也照亮了聚焦中的你我。

所以，最後，我要親昵地稱呼你一句：可愛的心，親愛的自己。

【參破愛憎妄情】

佛教八苦中，有愛別離苦。

愛的反面即憎。

愛憎是世俗世界的情感本質。

在佛家看來，愛憎在真理世界，皆是妄情，其本質就是分別心。

有了分別心，所以就有善惡、好壞、美醜、貴賤、貧富、男女、迷悟、凡聖、地獄和天堂等之差異。

眾生修法，妙訣之一就是要修平等心，以此對治分別心。

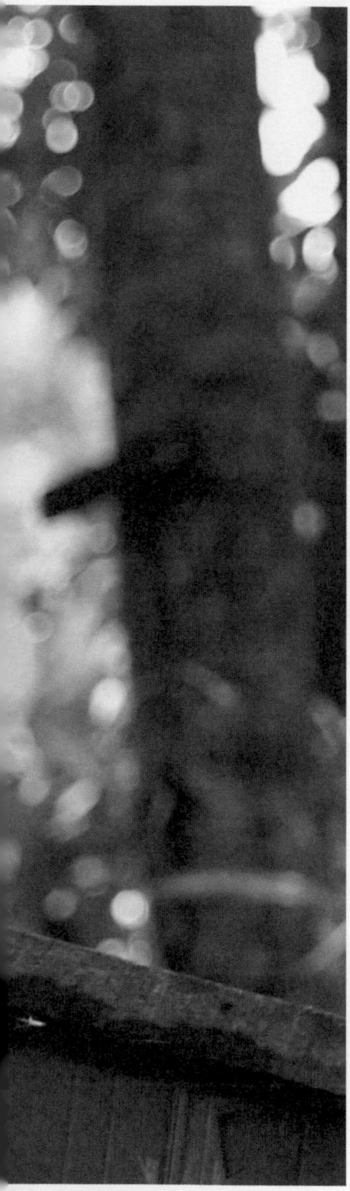

有了平等心，不等於差別不存在，但分別心就不存在了。

我曾在南亞修習南傳佛教數年，包括一些禪觀的方法。曾於一靜坐中心訓練，習不淨觀與無常觀。而觀的座標便是真人骨架。

由此，我想到中國禪僧慧熏的修道方法——以骷髏頭骨盛飯菜。有次，僧文道拜訪慧熏禪師，為求法。慧熏以骷髏頭骨盛米飯予文道，文道寧願餓肚子，也死活不肯食。慧熏說，你以淨穢與愛憎處事接物，如何能夠得法呢？

是啊，有人喜歡象牙，用象牙裝飾自己，作碗作筷。那麼，人骨與象牙又有何區別呢？人是命，象也是命，人骨是骨，象牙也是骨。何況，以人的妄見，人還比象更高貴呢！那麼，為何敢用象骨，卻不敢用人骨？

人的分別心，有時候，以理智的眼光一看，是很可笑的。一塊普通的石頭放在路邊，一文不值；放在石頭市場堆上，值一百元；放到博物館去，便是千元；你如果放到古董店，就有可能值萬元；如果你拿去拍賣，說不定就是十萬元呢！現實中，字畫等等不都是這樣的嗎！

有人會說修平等心多不易啊。是的，如易，就無須修了。如果無法修達平等心，那麼，我要給你退一步、讓一步、妥協一步的建議。那就是：中道心，圓融心。

也就是，在分別心與平等心中，辯證調和一下，保有中道心。如能對事物持之中道，發揮中道的智慧，那就是圓融心了，這亦是一種值得讚歎的境界。

俗人說俗語：愛恨分明。愛恨分明，這是偏見啊！是佛法中所謂的分別心之一種。愛恨分明的人雖然可敬，但是並沒有接近真理。

學佛者，我想，就該保有平等心，起碼要持有中道心、圓融心，以此為武器，參透進而參破愛憎妄情。

【禪淨好雙修】

修證、教育、文化、慈善。

這是我們自利利他、自覺覺他的四大法門。

修證的根本目的，在於宗教上的解脫，亦為佛教的終極目標。

教育、文化、慈善，可以是世俗的、世間的，但修證，更多是宗教的、出世間的。一種宗教可以沒有此岸，但不能沒有彼岸。佛教一旦剔除了修證，就失去了核心，就沒有了靈魂。

當年，佛陀菩提樹下的開悟，就是通過修證，歷代高僧大德也是如此。

修證之法，在佛教有萬千法門。而我特想宣導的，則是禪宗與淨宗之道。特想強調的，則是禪宗與淨宗的雙修。

首先，我們要明白，禪中本身就有淨，就包含淨，淨中本身就有禪，就包含禪，它們是佛陀教法的一體兩面，看似殊途，實則同歸。

佛教說，芸芸眾生，根機不同。不同根機相應不同教法。禪與淨各有其相應的眾生。這是相對而言。實際上沒有不相應的佛法，也沒有不相應的眾生。禪可度一切眾；淨也可度一切眾。只是，限於現實原因，限於個人原因，我們沒有那麼多時間、精力、機會、條件去結緣某種修證之法，而只能是隨緣方便地去選擇其一或其二。因此有人與禪法結緣，有人與淨法結緣，有人結緣其他。

比丘本性為僧半甲子以來，多在禪淨窟中打滾，從東壁打到西壁。以我的認知與體驗，禪與淨的雙修是較易較快出成果的，這符合禪淨核心價值與修證方法相通相應的客觀事實。

禪法的修證，我們很強調止定觀慧。而實際上，淨法的修證，其念佛、誦經、持咒乃至拜懺，亦是止定觀慧的另一種操作方式。念佛為了一心不亂，止於定，定德生。念佛時觀佛殊勝，觀於慧，慧德生。禪定法門無量，念佛法門亦無量，各有妙用，各不相左。

對聖者而言，法海之中摘一朵浪花就可知海味，修證一種法門就足夠了。而對凡夫而言，要為之多開幾個藥方，多下幾劑猛藥，甚至是混合著使用，才可治其痼疾。為此，我才建議大家要禪淨雙修，以使修證者能夠內力與外力，自力與他力得到更好的互用，蒙得

◀倉央嘉措畫像（藏於紐約魯賓藝術博物館）

加持。

如何禪淨雙修？

倉央嘉措活佛曾詩：「世上安得雙全法，不負如來不負卿。」我們如何最有效地發揮禪法加淨法的功效呢？

這裡，我要開一藥方，用了，只許你活，不許你生。那就是：禪七加佛七，交替進行，如能連續七七，致心一處，成佛作祖又有何難！屆時，道場必成真正的選佛選祖之場。

福州開元寺是個都市道場，藥師佛信仰源遠流長。人在都市，心易浮躁，為此，我們的禪七採取臨濟宗的看話禪，參話頭，悟話頭。兼以藥師法門修證，即藥師七。而在泰甯慶雲寺，是個山林道場，彌勒佛信仰源遠流長，人在山林，本身就易入靜，為此，我們的禪七，採用曹洞宗的默照禪，緘默忘言，本光自照，兼以彌勒七，即彌勒法門修證，以期止入觀，觀入止，止觀雙運，禪淨雙證。

此外，鑒於僧團傳統與辨教理念及實際需要，福州開元寺與泰甯慶雲寺還在漢傳禪淨基礎上，結合南傳禪法進行修證。結合南傳禪法，既為回歸，又為向前，以期南北融合，有些新的元素產生，有些新的效果出現。

永明延壽禪師有《禪淨四料簡》：有禪有淨土，猶如戴角虎，現世為人師，來生作佛祖……無禪無淨土，鐵床並銅柱，萬劫與千生，沒個人依怙。

這是禪淨好雙修的最好教導與注釋啊！

四十四世永明延壽禪師

【微笑千年】

佛陀拈花，迦葉微笑，彼靈山也。

從此，正法眼藏，以心印心，微妙法門，秘傳千年。

當我匍匐著靈魂，五體投地於吳哥時，此是何等聖山！吳哥的微笑又是何者的微笑！問古石，問老樹，言語道斷。只微笑著，千年萬載。

穿行於門及閘間，廊與廊中，似穿行於幽遠的歷史時空。我擔心，我的穿行會驚動古典的雕像，萬一因此覺醒。我總希望他們，或曾繁榮，或曾蕭條，都能被時空永固，保持姿勢，微笑永恆。

偶有佛雕嵌於壁，偶有佛像立於道。站在其前，合掌，祈禱。我們的先人活於千年之前，還活在了今天。雖然有的缺臂，有的缺腿，但香火卻是全的，而且鼎盛。心也和千年前一樣，誠著虔著，沒有染汙的空隙。任憑老節蒼根，盤紮其上。心不動，欲不生。

我曾行走婆羅浮屠於印尼，也曾行走於蒲甘的塔群。行走其間，感受著古人的勇氣、毅志、忍耐、韌性、豪氣與智慧等的震動。我不知吳哥諸寺是毀於什麼，為何如此無常、滄桑？但這震動的能量與傳達的資訊，相信與完整的全寺無異，甚至更為強勁。而且是那樣的動人心魄，顫人心弦！

我常常鼓勵有志者要多努力，創造新文明。但當我走在吳哥的古老中，我又覺得，這世界的文明已經足夠人類享用了，我們已無須再造，也更不可能超越古代這些文明。今天的人類社會有了所謂的民主，國家已經沒有了強大的中央集權，也因此不可能有心力、精力、凝力、合力去完成這些只有強大中央集權的王朝才有可能去完成的驚天傑作、曠世工程。對此，我們不知是該高興欣慰？還是抱憾悲哀？

有時徜徉於某些地方，我們會發現，那裡有藝術，有文化，有時尚。但當我走在這裡，我才真正明白，什麼是大藝術、大時尚、大文化。吳哥是藝術得

▲ 吳哥的微笑（Ducva CC BY-SA 3.0）

那麼藝術，時尚得那麼時尚，文化得那麼文化！真可謂代表著人類文明的巔峰，讓人歎為觀止。如果說，要找什麼文明的高地、地標，除此之外，我們還要到哪裡找尋！

這樣一柱擎天的文明座標，作為宗教信仰者，我真相信，非人力可為。這其間一定有著超世間的能量在冥冥之中幫助著、加持著，這樣，凡夫才可能有那麼獨特的奇思妙想，以使規劃思路清晰，以使工程順利圓滿。因此，這就不僅僅是建築，而是真理的演義劇，是自然規律的活生生展示場，是一環又一環的生命意義啟示錄，它的源頭來自諸佛的啟迪。同時，它也告訴我們，它必也相應著某個不可思議的時空——諸佛的世界。那裡一定充盈著神秘的微笑，微笑中花開，微笑中果結。

朝聖在吳哥，我在想，縱使哪一天再一次地覆、天翻，我相信，吳哥的微笑，也還將微笑著蕩漾、長綿。因此，我真想凝進吳哥的微笑，千載萬年。

【誰在輪回】

平靜的水面是平的，這不等於水是平的。

水可成峰，成谷，成容器之狀，亦可成氣與冰。

這個世界是單一的嗎？不，有時間，有空間。時空又有縱向、橫向，是立體、多維，構成元素複雜而多元。

輪回是佛教的核心概念之一，那麼，誰在輪回？如何輪回？

我想說明的是：輪回的主體是意識流與物質流，輪回的流程是十二因緣。

物質，在佛教看來，不是固定性、確定性、實體性的東西，其無自性。

愛因斯坦提出相對論。他證明質量大小與速度快慢相關聯，證明質量與能量可以相互轉化，於是有了著名結論：能量=質量×光速的平方。這是否正確？核裂變與核連鎖反應，原子彈與氫彈的成功爆炸，證明了這論斷是硬道理。不僅如此，人們還發現，質量的構成，由快速生滅的原子及原子中之電子、中子、質子甚至夸克等基本粒子組成。科學家們還得出結論，這些微妙的基本粒子，實際上非粒子，而是一種絲狀的振動能量，每種振動模式對應著特殊的頻率與波長，也就是說對應著不同的質量與能量。

質量一詞，在愛因斯坦那裡，是物質不滅的體現，是不滅物質的象徵。這麼看來，物質在這裡就不那麼「物質」了，更非「唯物」了，而是一股強大強烈的「物質流」。而那些基本粒子就是佛教中說的「極微」，而物質的粒子之變，就是佛法中所說的「剎那」。

這個世界，除了「物質流」之外，還有「意識流」，即精神、思想。人會思考，貓會感覺。這意識流與物質流激蕩、會合，形成業力，就是我們輪回的主體，而兩者的互動、流轉，謂之十二因緣，就是我們輪回的流程。

如果說，物質第一叫「唯物」；精神第一叫「唯心」；那麼，在佛教，不唯物亦不唯心，而是心物辯證，物心圓融，趨於中道。

▲愛因斯坦

在佛教看來，物質會影響精神，精神會影響物質，沒有誰會決定誰，當然，這指的是凡夫。凡夫造業，既有精神層面的，也有物質層面的。身口意，貪嗔癡，聞思修，信願行……其中，物質與精神元素都是兼具的，沒有純粹的精神活動或物質運動。

這就提醒我們，除了對意識活動要謹言慎行之外，對物質運動也要謹小慎微！否則，都會成為輪回庭上的呈堂證供，鐵板釘釘，翻身不得。

意識流與物質流的激蕩會合，又如何互動流轉？佛陀一開悟，就給予開示，那便是緣起論。

緣起論強調的是聯繫、因果、無常、變化等道理。其中有十二因緣，提示生命的三世輪回之旅途。亦即無明生行，緣行生識，緣識生名色，緣名色生六入，緣六入生觸，緣觸生受，緣受生愛，緣愛生取，緣取生有，緣有有生，緣生有老死。在這，因有無明，即惑與疑，便有老死。可見惑與疑是輪回的根本之因。要斷除輪回，根本的方法就是要修證智慧，解脫無明。如何修證，如何解脫，我將在下文述及。

【揭開死亡的面罩】

挑開死亡的面罩，原來，她是那樣的青春、美麗、媚惑、神奇！

六月，輾轉半個地球，途經洛杉磯，經同仁安排，抵達這裡。陽光和著雨，和著心情，灑了一地，在眾神之都，宇宙的中心，特奧蒂華坎。

撐著傘，不擋雨，戴著帽，也不遮光。我輕快的腳步，意外地驅動著殘年的身體，走在死亡大道上，丈量死與生的距離。

我未曾踏足埃及，但在死亡道上，我觸及到了金字塔，那一陽一陰，一日一月，一明一暗，一生一死。月塔直通死亡大道。大道是那樣的壯闊、恢宏。道之兩旁，盡顯當年的權威、繁茂與奢華。而日塔竟然不在主軸，孤零著，似乎不是

▶特奧蒂華坎（Jackhynes）

生命的主角。這就讓我明白，死本就比生重要，死才是生命的本質，是時空裡的王。

我曾在蒲甘登塔，也在暹粒登塔。蒲甘觀落日，暹粒見月起。而今天，我的登塔，是為在日與月，陽與陰，明與暗，生與死的縫隙中穿行，尋找呼吸與溫度的跡象，以及生命的平衡點。

人生總有奇跡，願與望就如日月，總要生起。日月之塔給了我一面永遠不會返光的秘鏡，讓我窺視死亡的尊顏。

特奧蒂華坎，死亡在這裡彙集，它的命運註定就是屬於摧毀。無論是否預言，都市總要謎一樣消失。無論是否祀祭，亡靈總是要不息地舞蹈。不死的，也許就只有那預言的巫師。

我曾穿過死亡之城，就如今天，穿行於死亡大道。我對死亡有種天然的嗅覺，我這樣說，不是為了領到死亡的勳章，斬斷死亡的臍帶。我只是因此，已然把死亡串成珠鏈，配置手邊，如影隨形。

於是，我與特奧蒂華坎有種特別的心顫的相應。在月塔的死亡臺上，盤起的雙腿盤不住幻流。我看見了宗教祭儀中，被放血的舌尖鮮紅奔湧；我看見馬雅人的人為錘畸顱骨，致

其變形，敲斷牙齒，在身上臉上製造疤痕；我看見一隻無毛犬引導著一隊死神，向死亡大道走去。

而我也真的看到了，那真的不是幻流：雕刻著人臉的骨灰甕，背著容器行走的骷髏死神，獻祭活人的石頭祭壇，蝸牛殼隨葬品，骷髏頭上的血跡。而整個月塔，我相信，就是一個大墳墓，埋葬著所謂主宰者的軀殼，拘押著他的靈魂。

而死亡，在特奧蒂華坎，就連月亮女神也不被放過，她最終被她的兄弟斬首並肢解。月亮金字塔，死亡大道。這，我終於明白了，為什麼會這麼建造，為什麼會這麼稱名。

從日月塔，經死亡大道，我用相機及照片，走向其四周。平原、山脈，環繞、起伏。當我看到綠野，生命的跡象，我不得不離開這死亡之地。當我徜徉墨西哥城國家人類學博物館，在特奧蒂華坎館。她還在啟示著我：死亡的道路，綿延……

這真是深具豐富死亡文明的土地，從阿茲特克到馬雅。你可以想像嗎？鷹吞食蛇，就是這個國度的象徵，國徽圖。而預言地球與人類於某個時期之終結，更是意味深長。乃至今天，遍佈的死亡藝術。如傑出雕刻家波薩達（José Guadalupe Posada）的作品《卡翠娜骷髏頭》（*La Calavera Catrina*）所表現的：女性骨架，精緻長裙，華麗帽子，瘦骨嶙峋的四肢，豐滿的胸部只是肋骨……

死亡在前，重生在後？還是死亡在後，重生在前？死亡與重生其實只是左手與右手。死亡微笑，重生也在微笑。墨西哥人對生死的認識，儘管有特奧蒂華坎，但終究還是有了日塔，而非只有月塔。這讓我想起：基督許其徒眾，審判後再生；佛陀許其子弟，報應後輪回；而墨西哥人，諸神面具的香爐上，裊裊而起的青煙中，許其子民有十三層天堂與九層地獄。善者經雲彩進入天堂，與太陽同在；惡者經沙漠下了地獄，就永遠消失。而薩波特克（Zapotec）人的陰陽臉，居中上下劃開，正是告知我們生死的兩重性。甚至有獨特的亡靈節，那時，家家戶戶恭迎亡靈回鄉回家團聚。但生是要以死為代價的。正如阿茲特克（Aztec）人為求太陽再一次升起，必須開膛活人，以其活色生香的心臟祭祀，以死換生。

▲《卡翠娜骷髏頭》的現代模型
（Tomascastelazo CC BY-SA 3.0）

在特奧蒂華坎，有斷言，被作為祭祀品的武士，死亡了上天堂；第一次生育時難產死亡的女子上天堂。上天堂的竟然還有如我——黑脈金斑蝶般流浪遠方的旅行者。

三丁目
16-13

【禪悟病苦】

佛教特質是禪。

禪講究戒定慧，強調知行合一。

人生之中，許多事情不經感同身受是不會真正理解的，就如病苦。

佛陀早就說過，人生是苦。生、老、病、死，就是其中之要者。曾經，也有過年輕，對這些感受不深；而今，人到中年，老態畢現，病況襲來，才真正從內心底處，對佛陀有關苦之教言五體投地，合掌禮敬，點頭稱是。

近年，也許忙於基建，疏於實修，與往年相較，心雖為一，卻似乎身已為異，體質一年不如一年。年初，數位遠方的同修相見，一致驚詫本人的清瘦，說不同從前，我也不知是否如此。想我，一位僧人，既不無故照鏡全身，也不無故去稱重量，豈知自己是胖了或瘦了。本來，胖瘦有何所謂？無非就是一具臭骨皮囊而已。而同修竟對此非常認真，建議我去醫院一查，說完就替我聯繫，態度堅決，似已沒得商量。他說，查一下，他人放心，自己放下；不查，拖累他人，拖累自己。照他說法與較勁的樣子，我似乎已是絕對的病患，還患得不輕。

我這一生，自認為非常珍惜善緣，珍惜別人的好意，這是我為人的不二準則。我可以負我自己，但不能負我同修的慈悲之心。在他的幫忙下，近期，我到了某家醫院。我想，既來之，則安之，既查之，就查之徹底點。

我這人生，真的感恩佛陀的加被，佛法之佑護，四十多年來，極少為了自己與醫院打交道，因為極少患病。有時頭暈額熱，咳嗽鼻塞之類，幾壺熱水，一碗熱麵條，一個熱水澡，就多解決了；再不，盤腿止靜，禪觀數番，以致有時汗如雨下，所患之病也不知好了未好，往往不了了之。也因為打交道得少，一到醫院，加上當事人是自己，便手足無措，既不知如何辦手續，又情不自禁地生起不安，甚至可謂有些微微恐懼。這讓我想起祖師的教誨，平時不用真功夫，到時自己是把握不了自己的，生如此，老如此，病如此，死如此。此番，我只是前往檢查身體，但進入醫院，一看到其他病人，一觀到醫療器械，便心生不安，甚至恐懼，可見，平時的用功不夠，實修不深。

不知是否同修打了招呼，醫務人員皆非常熱心和熱情。但我寧願相信，同修即使不打招呼，他們也會這樣！因為他們是白衣天使，象徵著慈悲、博愛、解除苦痛、拯救生命！當醫生問我有無病歷與醫保時，我的回答都是：沒有。醫保，剛剛在辦，還未生效。他們很感歎說：你是方丈，怎麼這些還沒有呀！不應該。我笑笑！為什麼不應該！其實，在中國，沒有病歷卡與醫保的人，多了。我算非常的幸運了，可以到這大醫院住院檢查，還儼然享受著貴賓的待遇。

檢查前期的工作既具體又精細，填表、簽字、交費、手臂上套個個人資料圈圈，接受醫生的詢問。然後，安排房間，交待注意事項，尤其是簽字，我簽之外，還要我家屬簽。我哪有家屬？親屬又不在這。沒辦法，只能同修代簽。完成這些手續後，我不得不相信我自己有病了。進院前，我還不相信自己有病的。也因此，我的情緒有點不開心起來。怎麼會呢？我怎麼會需要與醫院打交道呢？但人生已經這樣！我們無主，我們無法自由選擇，我們沒有自由意志，更不能掌控身體。我們總認為，會永遠青春，會永遠健康，但不是，青春會悄然離你而去，健康也會悄然離你而去，它等不屑提前告訴你，也不告訴你原因，只讓你看到結果！然後，讓沒有定力與智力的我們因此沮喪而不堪。

到了房間，醫生護士圍來一群，他們都笑咪咪的，說少有這類病患，還聽說是個有名氣

的法師，好奇地問這問那，有有關我的，有有關他們的，還非請我與他們合影不可。未了，醫生認真地提出要求，要我換下僧裝，著上醫院的統一病號服！這樣，既便於醫院管理，便於檢查，也便於他們工作。到如今，我也沒明白這其中的具體原因。我沒吭聲，沒說是也沒說不，但到檢查前，我照做了，可是，總是穿得很彆扭。這也讓我明白，角色是虛幻的，就如此時，我不再是個法師，只是個病人而已。這也警醒我們，別拿自己的地位、權利、名氣、金錢太當回事，一不小心，轉換角色，便什麼也不是，還是平常心為好。

是啊！人生來就是個病患，否則，我們不會從一出生時的稚嫩嬰兒變成老朽時的沉寂屍體。我們之一生，就是在不息腐爛之過程。我們尋求無病的人生，那這人生只是個夢幻。否則，《金剛經》就無需這麼說了：

「一切有為法，如夢幻泡影，如霞亦如電，應作如是觀。」

醫院是有食堂的，但沒有特做的素食。我的到來，給醫院添了麻煩。但讓我感動的是，醫院專門為我訂做了素食。這看似簡單，我知，其實不易。這是個大醫院，病人多，醫務人員也多，每人各有工作，雖是一點素食，卻要協調溝通幾個部門。當我每次食上這些熱騰騰的可口素餐時，我感受到了醫生對病患的關心，也感受了社會對宗教的尊重。

俗話說，隔行如隔山，許多的人與人之間的誤會，是因為互不瞭解，所以互不理解。許多人都認為，醫務人員待遇高、又輕鬆，白大褂一披，什麼都好。其實，亦非都如此。負責我房的小護士，每天定時為我量體溫與測血壓，每日多次，還要定時探視，問問看看患者有何事情或狀況沒有，還有許多事項要及時通知提醒，甚至一些一般女孩不屑做的事情，像查驗病患的排泄物等。而且，他們的工作每天重複著，這就需要耐心及愛心。因此，不應把醫務人員看成只有驕嬌二氣的一批人。他們真的是為我們的幸福而工作、而存在。佛陀曾說，農夫以犁弘法，那麼，我想，醫生是以什麼弘法呢？手術刀、聽診器、抑或是其他的什麼？但無論如何，他們的工作也是一種修行，是一種積福積功積德的事。

由於有一些查驗項目次日要進行，醫生囑說：次日早上要禁食禁水。本來，這是小事一樁，但不料，折騰一天下來，我幾乎支持不住，癱軟下來。想想，人生真的太脆弱，堂堂數尺之軀，竟然要靠那麼一點水米支撐。那麼，我們的意志、精神，所謂之英勇、堅強又在哪裡？人類的缺陷與不足，竟然如此嚴重，我們又有幾人認真地思考過。

尤其，有個項目要做一些麻醉，當我被用推車推進腸胃檢查室時，我突發想像：如果我這一麻醉就不再醒來，那會怎樣？我的同修們、我的信徒們、我的親屬們、這裡的醫生們，他們會因此悲傷多久，或感慨多久，或高興多久，或咒罵多久？但無論多久，不管我有無發生，都不再與我有關。在這世上，每個人，生自己之生，死自己的死。自己有自己的生，自己有自己的死。只要自己有好的因，就不必在乎那些虛假呈現的果。果，如果沒有好的眼光、邏輯、慧智，我們就永遠無法順藤摸瓜到它的根莖。雖然，麻醉的結果是，我又醒來了，但我相信，我也自覺，我又經歷了一死一生，一生一死。

現在的醫院，儀器皆很先進。人在儀器面前，人在儀器之下，也只是個儀器。人的各個器官就如儀器的各個零件。檢測之下，說你這個零件朽了壞了，你就得修甚至摘。否則，可能導致整台儀器的癱瘓。如果，我們拆開分解人這台儀器，確實，我們不知「我」在哪裡。平躺在儀器之下，想想自己也很可憐，所謂的「法師」或「禪師」，而自己的身體好壞卻不能自知，更無法自我把握，還要交給這些冷冰冰的機器作決斷。想到這，不知佛陀當年行腳，足被東西刮破時，是如何教示與感想的。但有一點，我很明白，那就是佛陀說：世間眾生，生老病死，世間萬物，生住異滅，這是鐵律。

此次體檢。時間兩天，行同閉關，醫院原則上不允出門，一個檢查連著一個檢查，一個

程式連著一個程式！從頭到腳，從裡到外，查了個遍，這是我人生之第一遭，也從中體悟到了許多平時不易體驗到的東西。不過，感恩三寶的加持，這具虛幻之軀，經檢查後發現，雖於變異之中，但尚無滅盡的跡象。雖然，胃有些不好，但那已是老毛病了，其他器官與系統尚好。醫生說，這個年紀，狀況算好，這可能是平時你們有坐禪與素食的緣故。

此次，在來體檢之前，我曾想到趙樸初院長當年給我的一封信，他在信中說：「福建是佛教要地，過去太虛法師、弘一法師在福建弘揚佛法，典型尚在，賴有齊志之士繼承他們的事業。希望您勇猛精進，發大心承擔大任。我近來身體尚好，只是年逾九十，耳聾更甚，目力亦差。尚願假我數年以盡護法之願。」我也在想，我也有一些願望未盡，所以，希望佛陀或者說因緣能夠假以我更多的時日，讓我能夠如願完成之。無論何時何地，無論身體好壞，無論因緣逆順。我想，這始終也都是我的願望之一。因此，祈願消災延壽藥師佛之光，能夠繼續慈悲照耀於我未來的路。

【修行就是休閒】

有一個故事，我一直很喜歡：

富翁見漁夫在沙灘曬太陽，而不去幹活，甚感奇怪——

富翁：你為何不出海打漁？

漁夫：為何打漁？

富翁：賣魚存錢，成為富翁。

漁夫：做富翁有什麼好處？

富翁：不用幹活，可以在沙灘上曬太陽。

漁夫：我現在就不用幹活，就可以在沙灘曬太陽啊！

是啊，每天每時每刻。我、你、他，我們都在高速地運轉，飛機在飛，火車在開，輪船在航。我們為了所謂我們的目標，一路向前狂奔著，慢不下來，更停不下來。

但事實告訴我們，我們向前一路狂奔的，並不是我們真正想要的方向。

經常，我行走在法海寺到開元寺的路上。我發現，許多人，天一亮，就趕著去坐車，去上班，也許就為了躲過那上班高峰期路上的壅堵，而不致遲到。他們的腳步真的飛快，揚起的沙塵，帶著熱風。但是，他們的臉上卻寫滿冷漠與冰涼。一到傍晚，我行走在開元寺到法海寺的路上，我屢見衣著光鮮的男女，他們的表情是那樣的失魂落魄，急急而過，匆匆忙忙。可以想見，無論早晚，他們是走累了，心也沒有了方位。心中的花兒被拔離了土地，沒有了根。

一直以來，對「采菊東籬下，悠然見南山」的生存或生活方式，我非常的嚮往。

現實中，確實沒有什麼是特別重要與寶貴的。是權位名利嗎？是愛戀情仇嗎？是江山事業嗎？那只是我們自己認為重要寶貴而已。曾經的秦始皇今在哪？曾經的李白今在哪？曾經的楊貴妃與李隆基今在哪？

其實，這個世界只有停下來，慢下來，那才是必要與珍貴的——

把心安下來，把心靜下來，讓心透出氣，讓心供血足。讓心從容，讓心優雅，讓心淡定，讓心悠閒。讓心純真，讓心簡單，讓心笨些，讓心舒緩。

莎士比亞不是說了嗎？條條大路有花香。倉央嘉措不是也說了嗎？花兒過時了，蜂兒並不悲傷。我們這個世界雖然森羅萬象，但我想，其擁有的可能比我們內心擁有的多，但一定不比我們內心擁有的淨與美。問題是，我們難道需要擁有那麼多嗎？擁有淨與美，難道不是我們最關鍵與最根本的嗎？

其實，擁有是相對的，生命生老病死，世界生住異滅，無常變化是世界的鐵律。得失之間、沉浮之間、進退之間、多寡之間、榮辱之間，甚至愛恨之間、恩怨之間，只是一線，只是一瞬，除了失去，還有什麼是我們可以真正擁有的？

我常在想，無法永恆擁有，就意謂著在現實生活裡，在因緣俱足中，當我們提起時，當我們珍惜時，不能不悟透不參破，不能不想到放下，不能不想到提起與放下之間的中道與圓融！只有我們該提起時提起，該擁有時擁有，需付出時付出，需放下時放下，擁有眾妙不倡狂，失去所戀不憂傷，如此這般，我們才會活得自在，活得幸福，活得符合規律，活得安詳！

把心穩下來，把心定下來，學會停下來，慢下來。如果我們心的時空，以名聞利養裝滿。那麼，心就沒有了時空，就無法自由地飛翔。那麼，我們就必然心悶、心緊、心喘，心就定然在窒息中死亡。

曾經，我也有過慢不下、停不下的時光。後來，靈山的鮮花與微笑，讓我明白：名聞利

花塚

▶ 明代戴進《渭濱垂釣圖》

養不是信仰，其只是紅花旁的綠葉。沒有綠葉的紅花，照樣是紅花，沒有綠葉的紅花，照樣紅花般鮮豔而亮麗。

於是，我開始了——停下來，慢一點，把修行當作休閒。

嘗試著隨緣，嘗試著包容，嘗試著喜捨，嘗試著欣賞。嘗試著傾聽，嘗試著遺忘，嘗試著質樸，嘗試著超然。

在沙漠上栽花，在暗夜中看星星。

在山野中讀無字書，在江海中嚼無水茶。

有的人小看了停下來與慢一點的力量，他們不知道，這才是生命的回光與絕響，這才是生命的自然生態與心的本源。

因此，他們不明白：為什麼諸葛亮城中無軍，心中卻有百萬，僅憑大開的城門與幽恬的琴聲，便可退了司馬懿的十萬雄兵。他們不明白：為什麼老子說，治大國，能夠如烹小鮮，舉重若輕！他們不明白：為什麼姜太公垂釣渭水，用的是無鉤！

那麼，就讓我們，於一路不停的狂奔中，停一下，慢一點。生命只是風雨中的油燈，不要那樣不停地狂奔。那樣，可憐的燈火只會提前熄滅於風和雨。從而，讓我們看不見歸去的路。

國家圖書館出版品預行編目(CIP)資料

修行就是休閒/禪和尚本性著. --初版.--
[高雄市]:上趣創意延展,2017.07
面； 公分.--(開心見本性系列)
ISBN 978-986-91880-4-3(平裝)

1.佛教修持

225.87 106008156

【開心見本性】系列

修行就是休閒

作　　者：禪和尚 本性
總 策 劃：佛圖網（www.photobuddha.net）
美術編輯：上趣智業（www.summit.cc）
張毅
總 編 輯：王存立
藝術總監：宓雄
發 行 人：李宜君
出　　版：上趣創意延展有限公司
地　　址：（80457）高雄市鼓山區中華一路316-2號6樓
電　　話：（07）3492256
網　　址：www.summit.cc
郵撥帳號：42321918上趣創意延展有限公司
經 銷 商：紅螞蟻圖書有限公司
地　　址：（114）台北市內湖區舊宗路二段121巷19號
電　　話：（02）2795-3656
傳　　真：（02）2795-4100
印　　刷：成陽印刷股份有限公司
出版日期：2017年7月初版一刷
定　　價：260元
ISBN：978-986-91880-4-3